Gerhild Tieger

Irland · Landschaften, Pflanzen- und Tierwelt

Gerhild Tieger

IRLAND

Landschaften, Pflanzen- und Tierwelt

Landbuch

Fotografie: Gabriele Maute, Neresheim sowie Bord Fáilte, Dublin; Bord Iascaigh Mhara, Dun Laoghaire; Bord na Móna, Dublin; E. S. B., Dublin

---

Landbuch-Verlag GmbH, Hannover, 1987

Lektorat: Dr. Helge Mücke, Ostercappeln-Vorwalde
Farblithos: ReproDukt GmbH, Langenhagen
Satz, Druck und buchbinderische Verarbeitung
Landbuch-Verlag GmbH, Hannover

ISBN 3 7842 0357 4

Inhalt

Vorwort 6

Die Grüne Insel

Vorposten Europas 8

Naturgeschichte 10

Irland im 12. Jahrhundert 17

Berge, Seen und Moore 19

Wolkenland 23

Die Wirtschaft des Landes

Grüne Weiden 26

Industrie und Energie-Wirtschaft 33

Irische Flora

Enzian und Orchideen 37

Viele Hecken 45

Wenige Wälder 48

Europas letzte intakte Moore 54

5 000 Kilometer Küste 62

Viel Platz für Tiere

100 irische Vögel 66

Ein Hase, den es nur in Irland gibt 81

Die Völker der Meere 90

Viele Fische 93

Ein Land für Naturfreunde

Nationalparks und Forstparks 104

Irische Gärten 122

Vogelschutzgebiete 134

Probleme des Naturschutzes in Irland 154

Literaturverzeichnis 159

Register 160

Vorwort

Viele Besucher Irlands sind auf der Suche nach einem Stück heiler Natur. Sie finden hier die Ursprünglichkeit weiter Landschaften, die Einsamkeit und Ruhe, Kultur und Tradition eines alten europäischen Landes. Das anteilnehmende Interesse der Inselbewohner am Reisenden und ihre freundliche Hilfsbereitschaft verstärken den Eindruck, daß hier auch die menschlichen Beziehungen noch „in Ordnung“ sind.

Wer allerdings eine durchweg „heile Welt“ erwartet, sollte nicht überrascht sein: Die Insel und ihre Bewohner stecken voller Widersprüche. Man begegnet einem Land, das sich vor gar nicht langer Zeit in vielen Bereichen auf dem Entwicklungsstand eines Dritte-Welt-Landes befand und erst seit den sechziger Jahren und dem folgenden EG-Beitritt den Anschluß an die Staaten des Kontinents sucht. Dieser Übergang findet, zum Vorteil der Natur, immer noch langsam statt.

Die Insel der Individualisten erwartet von ihren Gästen Eigeninitiative und Entdeckergeist. Hier ist nichts vorgeschrieben, Schilder sind selten und, wer überwältigende Landschaftserlebnisse sucht, muß sie meist selbst erkunden oder wird unerwartet von ihnen überrascht.

DieWeite des Landes, die regenfrische, saubere Luft, der klare Himmel, kräftige Stürme und lebhafte Wolkenbilder, zarte Orchideen auf Bullenweiden, der Ruf des Brachvogels in der Dämmerung und die Stille, die man hören kann – das ist immer noch Irland.

Die Grüne Insel

Vorposten Europas

Irland wurde aufgrund seiner geographischen Randlage in der Vergangenheit von den großen geschichtlichen Strömungen Europas verhältnismäßig unberührt gelassen. Obwohl von Wasser umgeben, gewannen die Iren keine bedeutende Rolle als Seefahrer-Nation. Nur der irische Abt St. Brendan, der mit einer kleinen Gruppe mutiger Mönche von Dingle, dem Südzipfel der Insel, mit einem lederbespannten Boot auf Reisen ging und dabei vermutlich, etwa 1000 Jahre vor Kolumbus, Amerika entdeckte, war darin eine Ausnahme. Nicht einmal zu einem namhaften Handelszentrum konnte sich die Insel entwickeln, denn die meisten Handelsschiffe fuhren mit direktem Kurs nach Bristol oder Liverpool. Irland existierte stets im Schatten Englands und löste sich politisch und wirtschaftlich erst in den vergangenen Jahrzehnten aus dieser Dominanz.
Die Insel liegt zwischen dem 51. und 55. nördlichen Breitengrad und dem 5. und 10. westlichen Längengrad. Das ist keineswegs so weit nördlich, wie es erscheint: Die kleine Universitätsstadt Galway beispielsweise liegt ungefähr auf dem gleichen Breitengrad wie Bremen, und die drittgrößte Stadt der Insel, Cork, etwa auf dem Breitengrad von Münster.

Die Westkante Europas:
Cliffs of Moher in der Grafschaft Clare

Aus der Sicht Irlands wirkt England wie ein Wall vor dem europäischen Kontinent, ein Hindernis in vielfacher Hinsicht, das erst einmal überwunden werden mußte, bevor sich irisch-europäische Beziehungen entwickeln konnten. Die Nähe zur Nachbarinsel Britannien – im Nordwesten sieht man bei klarer Sicht von Fair

Head bis zur schottischen Küste – läßt Irland tatsächlich wie einen Teil der Britischen Inseln erscheinen. Strukturell wirkt es wie eine westliche Ausdehnung Englands, nur durch die flache Irische See voneinander getrennt. So wird verständlich, daß Irlands Geschichte geprägt ist von der Nähe der großen Schwesterinsel: Von dort kamen die Einwanderer und Eroberer. Zwar ist der größte Teil des Landes seit 1921 von England unabhängig, doch erst seit dem Beitritt zur EG versucht man, die geopolitische Situation bewußt zu nutzen. Trotz der strategisch wichtigen Lage gelang es den irischen Regierungen, die militärische Neutralität des Staates zu erhalten. Auf dem Gebiet der Wirtschaft gibt es intensive Bemühungen, neben europäischen Firmen auch das Interesse japanischer und amerikanischer Unternehmen zu gewinnen, die von hier aus ein Sprungbrett in die kontinentalen Märkte hätten.

Naturgeschichte

Nach der letzten Eiszeit, die vor etwa 10 000 Jahren zu Ende ging, blieb Irland noch für einige Jahrtausende unbesiedelt. Zwischen den Eiszeiten muß die Insel landschaftlich dem heutigen Grönland sehr ähnlich gewesen sein, mit Tundra, Seen und Eis. Erst später entstanden Wälder, belebten Mammut, Hyäne, Lemming und Rhinozeros die Landschaften. Auf Grund wechselnder Kli-

maverhältnisse starben diese Arten jedoch wieder aus, lediglich Wolf, Otter, Hase und Rotwild gelang es, sich entsprechend anzupassen und zu überleben.
Noch während der Eiszeit waren Irland und Britannien mit dem Kontinent verbunden. Als das Eis zu schmelzen begann, stieg das Meeresniveau, und Irland wurde von England durch das Meer getrennt. Dies ist vermutlich der Grund dafür, daß Irland eine geringere Artenvielfalt in Flora und Fauna aufweist.
In der Zeit nach der Eisschmelze entstanden neue Landschaften. Die Flüsse waren breiter als heute und bildeten Flußtäler, Ablagerungen der Eiszeit waren teilweise weggewaschen, Kies und Sand blieben zurück. Die ersten Wälder bestanden hauptsächlich aus Birken, Kiefern und Weiden, später kamen Ulmen und Eichen hinzu. Während die Sommer klimatisch den heutigen vergleichbar sind, waren die Winter weitaus kälter.
Erst etwa 6000 v. Chr. fanden Siedler ihren Weg nach Irland. Sie nahmen vermutlich die kürzeste Verbindung, über Schottland, und landeten im Nordosten der Insel. Hier lebten sie entlang der Küste von Fischfang, Jagd und Wurzeln.
Durch atlantische Wärme wurde in den folgenden drei Jahrtausenden das Wachstum ausgedehnter Wälder begünstigt. Das Meeresniveau stieg, und in den Vertiefungen entstanden Moore. Auch heute noch werden wertvolle Funde aus irischer Vorzeit in den Mooren entdeckt. So fand man aus der Jungsteinzeit und dem

Bronzezeitalter Werkzeuge, Gebrauchsgegenstände und Schmuck in etlichen Torfmooren hervorragend konserviert. Auch Pfahlbauten, ehemals zum Schutz ihrer Bewohner in Seen hineingebaut, wurden in später entstandenen Mooren freigelegt.
Etwa zur gleichen Zeit, als Irland christianisiert wurde, kamen Völkerstämme des Eisenzeitalters vom Kontinent nach Irland. Die Römer jedoch, die damals England erobert hatten, waren an der irischen Insel nicht interessiert. So konnten sich dort die eingewanderten keltischen Stämme, die Gälen, mit einer weitgehend einheitlichen Kultur, Sprache und eigenem Rechtsgut ungestört entwickeln.
Entsprechend der kleinteiligen gälischen Struktur, wurde Irland ab dem 5. Jahrhundert nach und nach christianisiert. Dabei gingen christliche Religion und heidnischer Naturglaube eine großzügige Verbindung ein. St. Patrick soll den keltischen Heiden die Dreieinigkeit anhand des dreiblättrigen Kleeblatts erklärt haben – noch heute ein Nationalsymbol der Iren.
Mit der ersten Besiedelung veränderten sich Irlands Landschaften: Wälder wurden gerodet und abgebrannt, um Weiden und Äcker zu gewinnen.
Um 800 n. Chr. überfielen die Wikinger das gälische Irland. Sie landeten mit ihren Booten an den Küsten, fuhren die Flüsse hinauf und unternahmen Raubzüge

▷ Vulkanische Gesteinsformen am Giant's Causeway im Nordwesten Irlands

auch in das Landesinnere. Die Flußmündungen waren für die Wikinger mit ihrer überlegenen Schiffstechnik wie offene Tore zu den Schätzen reicher Klöster. Die Nordmänner siedelten an den Küsten und gründeten die heute noch bedeutendsten irischen Städte: Dublin, Cork, Waterford und Limerick.
Im 12. Jahrhundert, zur Zeit der normannischen Eroberungen, war Irland in etwa 150 verschiedene kleine gälische Königreiche geteilt. Die Pflege keltisch-irischer Künste galt mehr als die Kultivierung von Ackerland. Die anglo-normannischen Eroberer paßten sich bald dem entspannten gälischen Lebensstil an, so daß im 14. Jahrhundert der englische König vergeblich der zunehmenenden Gälisierung seiner normannischen Barone („irischer als die Iren“) durch Gesetze entgegenzuwirken versuchte. Viele der normannischen Festungen waren zu Städten gewachsen, und der irische Einfluß nahm wieder zu. Im 16. Jahrhundert herrschte die englische Krone nur in einem kleinen Gebiet an Irlands Ostküste uneingeschränkt. Heinrich VIII., König von England, verlangte daher von den gälischen Fürsten im ganzen Land die vollständige Unterwerfung und ließ sich schließlich zum König von Irland ausrufen. Englische Siedler erhielten große Ländereien, deren ehemalige Besitzer enteignet worden waren.
Königin Elizabeth I. hatte den Ehrgeiz, den irischen Widerstand endgültig zu brechen, und nach Cromwells Feldzug in Irland erhielten viele seiner Soldaten großen

Landbesitz in den fruchtbaren Gegenden der Insel, während die irischen Bauern von ihrem Land in die karge und felsige Westprovinz Connaght vertrieben wurden. Hinzu kam, daß das katholische Irland reformiert werden sollte. Dazu wurden „Strafgesetze" erlassen, die die Bürger entrechteten, wenn sie nicht konvertierten. Von nun an durften Katholiken beispielsweise kein Landeigentum mehr haben, Großgrundbesitzer waren die protestantischen Engländer. Sie lebten in den „Big Houses" oder in London vom Pachtertrag ihrer irischen Güter. Ihre Pächter in Hütten und Cottages ernährten sich hauptsächlich von Kartoffeln, während sie das bescheidene Einkommen, das sie aus dem Verkauf eines Kalbes oder von wenigem Getreide erzielten, zur Begleichung ihres Pachtzinses benötigten. Der Grundstein für den irisch-englischen, katholisch-protestantischen, aber auch den sozialen Klassenkonflikt war damit gelegt. Die Landfrage wurde zum bestimmenden Motiv in Irland.
Die großen Wälder der Insel waren unterdessen weitgehend abgeholzt worden – als Feuerholz verbrannt oder nach England exportiert. Der anglo-irische Landadel sah bald die Notwendigkeit zur Aufforstung. Viele der Landlords pflanzten auf ihren „Estates" im 18. Jahrhundert Bäume, teilweise auch bisher in Irland unbekannte Arten, die sie von England und aus fernen Ländern mitbrachten und die noch heute in den ausgedehnten Parks zu bewundern sind. Auch neue Haustierrassen

wurden eingeführt, um die Zuchtergebnisse zu verbessern und die Landwirtschaft weiter zu entwickeln.
Die ländliche Großgrundbesitzer-/Pächter-Struktur ermöglichte die größte Katastrophe in der irischen Geschichte: Als in den Jahren 1845 bis 1849 mehrere Kartoffelernten nacheinander von der Kartoffelfäule befallen wurden, verhungerten 1 Million Menschen. Kleinbauern, die nicht mehr in der Lage waren, die Pacht zu entrichten, wurden aus ihren Cottages und vom Land vertrieben. 1,5 Millionen Menschen versuchten, ihrem Unglück zu entkommen, indem sie emigrierten, meist nach Amerika. Die Kartoffelfäule war zwar eine Naturkatastrophe, denn es gab damals noch keine Möglichkeit, sie zu verhindern, aber den anglo-irischen Landlords und der britischen Regierung wurde der Vorwurf gemacht, der irischen Bevölkerung nicht rechtzeitig und nicht genügend geholfen zu haben.
Der wachsende Bedarf an Rindfleisch in den englischen Städten hatte eine grundlegende soziale und landschaftsgestaltende Veränderung in Irland zur Folge. Manche Großgrundbesitzer nutzten die Hungersnot, um ihre Pächter vom Land zu vertreiben: Aus vielen kleinen Pachtäckern entstanden große Viehweiden.
Die Landfrage war damit für die Iren zu einer Überlebensfrage geworden: Ohne Landeigentum gab es keine ausreichende Lebensgrundlage. Die Pächter sahen aber auch keinen Vorteil mehr in einer Verbindung mit Großbritannien, das sie in ihrer größten Not im Stich

gelassen hatte, wie viele Iren es empfanden. Dies wurde schließlich zur Motivation im Kampf um die Unabhängigkeit, die fünf Jahre nach der Osterrebellion von 1916 erklärt werden sollte. Es war jedoch nur ein Teilsieg, den man errang, denn die protestantische Mehrheit der Bevölkerung im Norden der Insel stimmte für einen Verbleib im United Kingdom. Heute noch sind die sechs Grafschaften der Provinz Ulster britisch, dessen protestantische Bevölkerungsmehrheit eine Vereinigung mit der katholischen Republik Irland strikt ablehnt.

Irland im 12. Jahrhundert

Über Irlands frühe Geschichte und das Mittelalter liegen wenige verläßliche Informationen vor. Um so wertvoller ist die alte Handschrift „Topographia Hiberniae“ von Geraldus Cambrensis, einem walisischen Geschichtsschreiber, der in Begleitung König Heinrichs II. nach den normannischen Eroberungen Irland bereiste. Er fand zwischen Mount Brandon im Süden, Tory Island im Norden, Dublin im Osten und Croagh Patrick im Westen „weiche und wässrige“ Erde, im Vergleich zu seiner Heimat „viele Wälder und Sümpfe“. Nur gelegentlich gab es „gute, im Vergleich zu den Wäldern jedoch kleine, Ebenen“ mit Weiden. „Die Insel ist reich an Weiden und Wiesen, Honig und Milch und Wein –

jedoch ohne Weinberge". Den scheinbaren Widerspruch erklärt er folgendermaßen: „Importierte Weine gibt es so reichhaltig, daß man kaum bemerkt, daß Wein hier nicht angebaut wird." Geraldus fiel auf, daß selbst auf fruchtbarem Land wenig Apfelbäume standen, ebenso bemerkte er den schlechten Zustand der Weiden. Seine Schlußfolgerung daraus war: Die keltischen Einwohner „widmen ihr Leben dem Vergnügen und der Faulheit" und, so der Waliser: „Sie glauben, das größte Vergnügen sei es, nicht zu arbeiten."

Geraldus war ein aufmerksamer Beobachter: Die „schönen Seen" fand er „voller Fische", nämlich „Lachs, Forelle und Aal", jedoch fehlten „Hecht, Rotauge, Barsch", die tatsächlich erst spätere Importe sind.

Während der Normannen-Zeit waren Raubvögel wie Adler, Falken und Sperber zahlreich. Zu den Vergnügungen der Adeligen gehörte es, mit Falken zu jagen. Über die in Grönland brütenden „vielen Nonnengänse" berichtet er Wunderbares: „Sie werden nicht ausgebrütet, schlüpfen nicht aus Eiern", ja, sie entstünden sogar „ohne männlich-weibliche Verbindung". Den bunten Eisvogel empfiehlt er als ein gutes Mittel gegen Motten, wenn man den toten Vogel trockne und zwischen die Kleidung lege, die er darüber hinaus „angenehm parfümiert" und: Hinge man ihn zum Trockenen am Schnabel auf, so wechsle er „jedes Jahr sein Kleid". Zu Recht bemerkte er das Fehlen von Rebhühnern, Fasanen und Elstern, denn sie sind spätere Einwanderer.

Geraldus erwähnt Wolf, Fuchs und Dachs, vermißt aber den Maulwurf, den es wegen der „großen Feuchtigkeit des Landes“ nicht gebe. Auch fiel ihm auf, daß „keine giftigen Reptilien“ in Irland existieren könnten, denn „die Erde des Landes sei schädlich“ für sie. Die Sage, daß St. Patrick die Schlangen verbannt habe, verwirft er und bemerkt, daß die Insel wohl schon vor der Christianisierung frei von diesen Tieren gewesen sei.
Zu den „natürlichen Qualitäten des Landes“ zählt der Geschichtsschreiber das milde Klima: „Das Gras erfreut sich der Frische und Milde des Frühlings das ganze Jahr lang. Die Luft ist so gesund, es gibt keine mit Krankheiten erfüllten Wolken ... Die Insel hat wenig Verwendung für Ärzte.“
Manche dieser Beobachtungen kann der Irland-Reisende noch heute, 800 Jahre später, bestätigt finden.

Berge, Seen und Moore

Von Malin Head im Norden bis nach Mizen Head im Süden hat die Insel eine Länge von 486 km, ihre breiteste Stelle mißt etwa 275 km. Irlands zerklüftete Küste erstreckt sich über eine Länge von über 5 600 km. Die Landfläche der Insel beträgt insgesamt 84 000 qkm. Davon gehören 14 000 qkm zu Nordirland, politisch ein Teil Großbritanniens.

Irland besitzt Hunderte von Seen, die eine Fläche von etwa 250 000 ha bedecken und dazu noch etwa 15 000 km Flußwege. Irlands Topographie ist nicht mehr durch Wälder bestimmt, denn die Insel gehört mit nur knapp 5 Prozent Waldfläche zu einem der baumarmen Länder Europas. Es dominieren statt dessen die großen Weide- und Moorflächen.

Der Reiz irischer Landschaften liegt in ihrer Vielfalt: Kleinteilige Felder und Weiden werden unterteilt durch blühende Hecken oder graue Trockensteinmauern. An dunkelgrünen Berghängen erscheinen die Bergschafe wie kleine weiße Punkte und markieren die Weidegrenze. Dazwischen liegt Moorland, auf dem verschiedene Arten Heidekraut blühen und tiefblaue Moorseen in der Sonne leuchten. Die Küstenlandschaften wechseln von schroff aufragenden Felssteinküsten über Geröllstrände bis zu einem Sandstrand mit hohen gelben Dünen.

In der Landesmitte sieht man großflächige, ebenmäßig abgegraste Weideflächen mit Rinderherden, hin und wieder Kornfelder und seltener Gemüseanbau. Die vereinzelten kleinen Bauernhäuser sind dorthin gebaut, wo der Bauer von seinem eigenen Land umgeben ist. Dementsprechend gibt es wenige Dörfer, eher kleine Mittelpunktorte mit Straßendorf-Charakter, in deren Hauptstraßen sich Geschäfte und Pubs aneinanderreihen.

Geologisch gesehen ist Irland ein Teil Europas, durch relativ flache, oft weniger als 200 m tiefe Meere vom

△ Blick vom Ben Levi: Kleinteilige Felder mit Trockensteinmauern
▽ Kalkstein-Struktur im Burren

Kontinent getrennt. Der geologische Rand des europäischen Kontinents liegt etwa 300 Kilometer weiter westlich vor Irlands Küste im Atlantik, wo der Meeresboden in ozeanische Tiefen steil abfällt. Vom geotektonischen Aufbau her ist die Insel ein Teil Paläo-Europas, das die Norddeutsche Senke und den größten Teil Englands umfaßt. Das Skandinavische Gebirge findet seine Fortsetzung in den schottischen Bergen und endet in den Bergzügen Westirlands. Ehemals lag der Nordosten der Insel im Bereich vulkanischer Aktivitäten, und daher ist die Grafschaft Antrim heute mit einem Basaltplateau bedeckt. Ein weiterer Hinweis auf Vulkanismus ist ein Naturphänomen an der nordirischen Küste, der Giant's Causeway, wo sich durch abgekühlten Basalt hektagonale Säulen mit einer eigenartigen, faszinierenden Oberflächenstruktur gebildet haben. Die Bergzüge Galways, Mayos und Donegals bestehen überwiegend aus Granitgestein, während im Südwesten der Insel meist roter Sandstein zu finden ist.
Irland wird an seinen Randzonen von Bergketten mittlerer Höhe (600 bis 700 m) begrenzt. Der höchste Berg der Insel ist etwas über 1 000 m hoch. Im Landesinneren bildete sich eine Kalkstein-Ebene, die als flache Landschaft keineswegs eintönig ist, sondern durch vereinzelte kleinere Berge und weite Moore abwechslungsreich wirkt. Der Shannon, mit 340 km der längste Fluß der Britischen Inseln, führt, stellenweise zu Seen erweitert, das Wasser von der Landesmitte bis zum Mün-

dungsgebiet bei Limerick in den Atlantik. Teilweise erstreckt sich die Kalkstein-Tiefebene bis zur Küste, wie in der Clew Bay von Mayo oder bis zur Donegal Bay weiter nördlich.
Die Kalksteingebiete sind meist mit Geröll- und Sandablagerungen aus der Eiszeitschmelze bedeckt. Darüber liegt lediglich eine dünne Schicht Erde. Im Burren, Grafschaft Clare, tritt der Kalkstein sogar bar hervor. Doch gerade die Gegenden, die von der Natur so „stiefmütterlich" behandelt wurden, bieten einen besonderen Reichtum unveränderter, ökologisch intakter Gebiete, wie die karstigen Landschaften des Westens oder die noch erhaltenen Moore.
Eine Besonderheit im seenreichen Irland sind übrigens die Turloughs. Es sind tiefgelegene kleine Kalkstein-Ebenen ohne Zu- und Abfluß, die nur in regenreichen Zeiten mit durch die Felsspalten aufsteigendem Wasser gefüllt sind. Turlough kommt vom gälischen „tuar loch" und bedeutet soviel wie „Trockener See".

Wolkenland

Irland hat ein ozeanisches Klima, das mild und ausgeglichen ist. Die Sommer sind nicht so heiß, und im Winter wird es nicht so kalt wie in Kontinentaleuropa. Auch im Vergleich zu England ist das Klima milder, obwohl die beiden Inseln so dicht beeinander liegen. Der Golfstrom, der angewärmtes Meerwasser an die irische Küste spült, bewirkt, daß beispielsweise Valentia im Südwesten eine durchschnittliche Temperatur von 7 °Celsius im Januar und etwa 15° im Juli hat – ein Unterschied von nur 8°. Tatsächlich wird es im Sommer selten wärmer als 20°, im Winter sinkt die Temperatur nur an wenigen Tagen unter den Gefrierpunkt, Schnee und Eis sind ungewöhnlich. Im Süden und Westen der Insel bedeutet dies, daß das Weidegras sogar im Winter noch ein wenig wächst – ein wichtiger Faktor für die Landwirtschaft. Die sonnigsten Monate sind Mai und Juni – eine besonders schöne Zeit, in der das überreiche Pflanzenwachstum die ganze Insel in die verschiedensten Grüntöne kleidet.

Die Wolken, von westlichen Atlantikwinden herübergetrieben, regnen sich zum größten Teil an den nahe dem Meer gelegenen Berghängen ab, wo die jährliche Niederschlagsmenge bis zu 3 000 mm betragen kann. Im übrigen Land liegt sie zwischen 800 und 1 200 mm. Beides, die milden Temperaturen und der sanfte Nieselregen, lassen Irland wie eine „Emerald Isle", eine „Smaragdgrüne Insel" erscheinen.

Und was macht das Wetter zum Gesprächsstoff Nummer 1 auf der Insel? Es ist die Wechselhaftigkeit von Wind, Sonne, Wolken, Sturm und Regen. Selten endet ein Tag, wie er begonnen hat. Lange Perioden kühlen

▷ Eine typisch westirische Landschaft
mit Flußlauf in der Grafschaft Donegal

und regnerischen Wetters sind bei den Iren ebenso unbeliebt wie das sogenannte schöne Wetter, das wochenlang nur blauen Himmel und Sonne zeigt und als langweilig empfunden wird: Es fehlen die ständig neugemalten Wolkenbilder am Himmel, Figuren aus flockiger Wolkenwatte, lange Gazeschleier und zerrissene Fetzen, vom Wind getrieben, die den Horizont gestalten und die Phantasie anregen.

Die Wirtschaft des Landes

Grüne Weiden

Wer mit dem Flugzeug nach Irland kommt, blickt auf einen grünen Flickenteppich hinunter und erkennt, daß die Insel hauptsächlich in Weideflächen eingeteilt ist. Braune, frisch gepflügte Äcker oder gelbe Kornfelder und großflächiger Gemüseanbau sind seltener. Die Felder, geteilt durch Hecken und Steinmauern, existieren zum Teil seit Jahrhunderten; immer wieder den Bedürfnissen der jeweiligen Bauerngeneration angepaßt, bilden sie die für Irland typische Landschaft. Im 19. Jahrhundert wurden zwar zahlreiche Äcker in Weiden verwandelt, doch erst der wirtschaftliche Aufschwung mit

dem Eintritt in die EG veränderte die traditionelle Landwirtschaft in größerem Maße und hat auch das Bild des Landes gewandelt: Neben den alten Naturstein-Cottages, die einst das Heim für eine bis zu zwölfköpfige Familie, Hühner, Schweine und Kuh waren, stehen heute moderne Einheitsbungalows, teils mit „spanischen" Stilelementen versehen. Die Cottages dienen allenfalls noch als Stallgebäude, solange das Dach intakt ist, bis das Haus langsam ganz zerfällt und später nur noch eine Giebelwand übrigbleibt. Große Wellblech-Heuschober überragen häufig die niedrigen Bauernhäuser und nehmen auch den „Old World Cottages", die manchmal noch das ehemals übliche Strohdach tragen, ihren traditionellen Charakter. Moderne Traktoren und andere landwirtschaftliche Geräte stehen in vielen, wenn auch lange nicht allen Höfen.
Irlands Landschaften werden geprägt von der Landwirtschaft, und seine Geschichte erzählt von dem jahrhundertelangen Kampf um Landeigentum. Vor allem der Westen der Insel, von Felsen und Mooren durchzogen, bot kaum ausreichende Lebensbedingungen. Die Not war groß und die Zahl der Emigranten aus diesem Gebiet am höchsten. Seit der Selbständigkeit der Republik hat die Irish Land Commission die bereits von der englischen Regierung begonnene Landreform fortgesetzt und die meisten der großen anglo-irischen Güter aufgeteilt, um das Land an die bisherigen Pächter zu vergeben. Dennoch veränderte sich die Größenstruktur

△ Schafhaltung – die Weidewirtschaft der Bergbauern
◁ Traditionelles Cottage mit kleinem Kartoffelacker
▽ Die Iren – ein Volk von Rinderzüchtern

der Landwirtschaftsbetriebe in den letzten Jahrzehnten kaum noch. Die Behörde zerteilte sogar in einigen Fällen Höfe wirtschaftlicher Größe.
Auch die unterschiedliche Bodenqualität hat Irlands Geschichte mitbestimmt. Ländereien mit den fruchtbaren Böden der Zentralebene wurden ehemals an englische Siedler verteilt, während die ansässigen Bauern in Gegenden mit unfruchtbarer saurer oder sumpfiger Erde vertrieben wurden. Noch heute befinden sich die großen Landwirtschaftsbetriebe mit durchschnittlich 30 ha eher im Osten und Süden der Insel, die kleineren Höfe mit durchschnittlich 10 ha dagegen im Westen und Nordwesten. Das Landproblem wurde noch deutlicher dadurch, daß es gerade in den Gebieten mit der geringsten Fruchtbarkeit die kleinsten Nutzflächen gab, eine Struktur, die zu ändern noch heute ein Ziel irischer Landwirtschaftspolitik ist. Immer noch bearbeiten 43 % der Farmer, wie hier der Bauer auch mit dem kleinsten Hof genannt wird, nur 2 bis 12 ha Land, 24 % besitzen zwischen 12 und 20 ha und 22 % zwischen 20 und 40 ha Land. Die nach kontinentalen Maßstäben als wirtschaftlich geltenden Nutzflächen von 30 bis 80 ha werden nur von 9 % der Landwirte und über 80 ha nur noch von 2,6 % der Farmer bearbeitet.
Die Weite der Landschaft, die unverdorbene Natur und eine nur spärliche Besiedlung machen die Insel für die Städter vom Kontinent so anziehend. Jene einsamen Gegenden des Westens, in denen der Reisende die noch

bewohnten, traditionell mit Ried oder Stroh gedeckten Cottages findet, und das Leben auf den ersten Blick wunderbar romantisch wirkt, sind auch heute noch am meisten benachteiligt: Auf Moorland oder felsigem Boden lassen sich Ackerbau und Viehzucht nur in sehr bescheidenem Umfang betreiben, andere Einkommensmöglichkeiten gibt es kaum. Immerhin schätzt man, daß ein Drittel des gesamten Landes teilweise gar nicht oder nur im Sommer und mit geringem Tierbesatz beweidet werden kann. Aber die Menschen, die hier leben, versuchen das Beste aus ihrem Land zu machen, und man wundert sich oft, wie auf dem sumpfigen Gelände sogar schwere Rinder ihr Auskommen finden sollen. Die Berghänge werden hauptsächlich von Schafen der genügsamen kleinen Bergschaf-Rassen abgegrast. Landschaftsexperten und Naturschützer warnen aber bereits vor einem „Überweiden" der Berge, die oft als „Commonage" (Gemeinschaftsland) von manchmal bis zu 20 Bauern anteilig genutzt werden, wobei der Einzelne wenig auf Pflege und Schonung des mageren Grases Rücksicht nimmt und der Tierbesatz häufig zu hoch ist. Dieses System führt nach einiger Zeit dazu, daß die heute noch grünen Hänge „verbissen" und zu dunklen, kahlen Bergen werden, von denen die dünne Bodenauflage wegweht, die zuvor von den Graswurzeln festgehalten wurde.

Die Iren sind ein Volk von Rinderzüchtern. Der angloirische Schriftsteller George Moore kennzeichnete seine

Landsleute einmal so: Während der Grieche in einem unbehauenen Stück Marmor die klassische Statue erkenne, sehe der Ire in einem Rind bereits das Lendensteak. Tatsächlich wird der größte Teil des Landes als Weidefläche und zum Anbau von Viehfutter genutzt. Ackerbau wird nur auf 10 % des Landes betrieben, und auch davon dient ein erheblicher Teil noch der Futterproduktion. Auf irischen Weiden grasen 7 bis 8 Millionen Rinder, davon etwa 2 Millionen Kühe. Milchvieh-Haltung dominiert im Süden der Insel, die Aufzucht junger Rinder im Westen und die „Endmast“ erfolgt meist auf den fetten Weiden im Osten des Landes. Schafhaltung spielt überall, auch in den Bergregionen, eine große Rolle – nicht ohne Grund heißt es, daß ebenso viele „woollies“ wie Menschen auf der Insel leben.

Die Bedeutung der Landwirtschaft hat durch die Bemühungen zur Entwicklung auf dem Industriesektor etwas abgenommen und ist auf etwa 12 % des Brutto-Sozialproduktes gesunken. Aber immer noch stammt ein Drittel bis zur Hälfte aller irischen Exporte aus der Landwirtschaft, und der Beitrag zur Zahlungsbilanz ist sogar höher, wenn man bedenkt, daß die Landwirtschaft kaum die Importseite belastet, bevor sie ihre Produkte ausführt, im Gegensatz zur Industrie, deren Produkte manchmal nur noch eine geringe Wertschöpfung darstellen, denn viele Produktbestandteile müssen zuerst einmal eingeführt werden.

Für die Beschäftigungssituation könnte die Landwirtschaft wieder eine zunehmende Bedeutung gewinnen, wenn auf Grund von Arbeitslosigkeit Menschen aus den Städten aufs Land zurückkehren, um dort ein bescheidenes Auskommen zu finden. Etwa 180000 Iren sind Bauern, und die meisten Höfe unterhalten auch heute eine beträchtliche Zahl „mithelfende Familienangehörige". In der Nahrungsmittelproduktion werden etwa 50000 Angestellte beschäftigt.
Irland, als eines der armen Mitgliedsländer, ist ein „Netto-Empfänger" von EG-Geldern. Rechnet man die Vorteile für die Landwirtschaft mit, profitiert es im Verhältnis 12:1 zu seinen Beiträgen. Dennoch begrenzte die hausgemachte hohe Inflation als Folge der Schuldenpolitik der siebziger Jahre den Einkommenszuwachs: Die Kosten sind auch für die irische Landwirtschaft stärker gestiegen, als die Preise in Brüssel erhöht wurden.

Industrie und Energie-Wirtschaft

Nachdem die Republik Irland selbständig geworden war, dauerte es noch 50 Jahre, bevor der so lang erhoffte wirtschaftliche Aufschwung gelang. Durch niedrige Löhne und Steueranreize angelockt, ließen sich ausländische Unternehmen in Irland nieder. Heute wird die Hälfte der irischen Industrieproduktion exportiert.

Industrieller Torfabbau
durch das halbstaatliche Unternehmen Bord na Móna

Im Land produzierte Energie:
Mit Torf wird Elektrizität erzeugt

Gleichzeitig wuchs der Bedarf an Arbeitskräften, und die bisherige Emigration nahm ab. Mehr und mehr junge Iren fanden endlich in ihrer Heimat Arbeit. Die Altersstruktur des irischen Volkes verjüngte sich dadurch: Über die Hälfte der Inselbewohner sind unter 25 Jahre jung.

Doch die Freude darüber, daß Irlands Jugend zu Hause Arbeit finden konnte, wich bald der Ernüchterung. Die wirtschaftlichen Probleme, die mit der später folgenden Rezession und Arbeitslosigkeit einsetzten, beschreiben die großen sozialen Aufgaben für den Staat, und die finanziellen Anforderungen überstiegen schon bald seine Möglichkeiten. Seit Beginn der achtziger Jahre ist Irlands Wirtschaft mit hoher Verschuldung und Arbeitslosigkeit belastet.

Heute sind 20 % der Bevölkerung in der Landwirtschaft tätig, etwa 30 % in der Industrie und – für ein gering entwickeltes Land sehr hoch – 50 % im Dienstleistungsbereich beschäftigt. Die meisten Industriebetriebe entstanden an der Ostküste, wo gute Transportbedingungen, Häfen und Flugplätze in Dublin und Cork zur Verfügung stehen. Im Süden bildet der Tourismus einen Schwerpunkt. Das Gebiet um Limerick hat mit Shannon Airport wirtschaftliche Bedeutung, und der Westen Irlands beginnt langsam ebenfalls Liebhaber für seine eigenwillige Schönheit zu finden.

Im Laufe der 60 Jahre ihres Bestehens schlossen die staatlichen Elektrizitätswerke (ESB) fast alle Privathäuser der Insel an das Stromnetz an. Viele der Elektrizitätswerke werden mit dem industriell ausgebeuteten Torf von Bord na Móna betrieben. Trotzdem wuchs die Abhängigkeit von importierter Primärenergie mit der Ansiedlung von Industrie-Unternehmen und dem steigenden Wohlstand. Zur Stromgewinnung müssen zusätzlich zwei Drittel des Öl- und Kohlebedarfs eingeführt werden, eine große Belastung für die ohnehin negative Zahlungsbilanz. Der Bau eines Atomkraftwerkes für Irland wurde aus wirtschaftlichen Gründen wieder verworfen. Besonders willkommen sind die Naturgas-Funde vor Kinsale und neuerdings auch Ölfunde, ebenfalls vor der Ostküste. Möglicherweise wird Irland in den neunziger Jahren zu den ölproduzierenden Ländern gehören und dann sogar über seinen eigenen Bedarf hinaus exportieren können – das jedenfalls hofft der irische Finanzminister, dem eine solche Einkommensquelle sehr willkommen wäre.

Irische Flora

Enzian und Orchideen

Als Irland nach der Eisschmelze vom Kontinent und von Britannien getrennt wurde, hatte eine Vielzahl von Pflanzen die Insel noch nicht „erreicht“. Erst viele Jahrhunderte später brachten Anglo-Iren unzählige

neue Arten mit auf die Insel, beispielsweise den Rhododendron, der in seiner Wildform ehemals auch in Irland heimisch war, wie Funde aus dem Moor beweisen.
Doch so verhältnismäßig gering Irlands Arten-Vielfalt ist, die vorhandene Pflanzenwelt präsentiert sich dafür um so reichhaltiger, vor allem, weil die natürlichen Lebensbedingungen unbeeinflußt von Luftverschmutzung und anderen Umweltschäden sind. Aber auch das ausgeglichene milde Klima und der sanfte Regen sorgen für ein üppiges, ungestörtes Wachstum.
Auf der Grünen Insel findet man etwa 1000 Arten von blühenden Pflanzen und Farnen. Britannien allein hat schon 1500, und auf dem europäischen Festland liegt die Zahl, je nach Land, erheblich darüber.
Von den sieben Florengebieten Europas zählt Irland mit den westeuropäischen Küstenländern und den Britischen Inseln zu dem atlantischen Gebiet. So sind in dem ozeanischen Klima der Insel auch Arten vertreten, die zum Teil im Mittelmeerraum vorkommen, daneben aber auch arktisch-alpine Pflanzen. Im Karstgebiet des Burren wachsen beispielsweise Enzian und Bärentraube in der Nachbarschaft von Frauenhaarfarn und seltenen Orchideenarten Südwesteuropas.
Abgesehen von den kosmopolitischen Arten, dominieren die Pflanzen ozeanischen Charakters. Zu den atlantischen Arten zählen unter anderem: das Nabelkraut *Umbilicus rupestris*, der Stechginster *Ulex europaeus*, die Stechpalme *Ilex aquifolium*, der Efeu

Flora im Burren
Oben:
Kleine Sommerwurz
Unten links:
Silberwurz
Unten rechts:
Blutroter
Storchschnabel

Hedera helix hibernica, die Glockenheide *Erica tetralix* und die Graue Heide *Erica cinerea* sowie der Rote Fingerhut *Digitalis purpurea*.

In Südwest-Europa und dem Mittelmeerraum sind die mediterranen Arten, die in Irland meist ihre nördliche europäische Grenze erreichen, vertreten. Zu ihnen zählen: der Frauenhaarfarn *Adiantum capillus-veneris,* das Porzellanblümchen *Saxifraga umbrosa,* die seltene Irische Wolfsmilch *Euphorbia hiberna,* das in Westirland heimische St.-Dabeocs-Heidekraut oder Irische Heide *Daboecia cantabrica,* der Erdbeerbaum *Arbutus unedo,* der gleichzeitig weiße Blüten und orangerote Früchte trägt, die Mittelmeer-Heide *Erica mediterranea* und das in Kerry vorkommende Großblütige Fettkraut *Pinguicula grandiflora*.

Einige nordamerikanische Pflanzen treten in Europa praktisch nur in Irland auf und sind auch dort rar, wie das Kanadische Johanniskraut *Hypericum canadense,* eine amerikanische Orchidee oder das blaublühende Bermudagras *Cynodon dactylon*.

Pflanzen der arktisch-alpinen Gruppe sind in Irland meist an Felsbänken der westlichen Berge zu finden. Dazu gehören der Knöllchenknöterich *Polygonum viviparum,* der Alpensäuerling *Oxyria digyna,* das Norwegische Sandkraut *Arenaria norvegica,* das Stengellose Leimkraut *Silene acaulis,* die Alpenwiesenraute *Thalictrum alpinum,* der Rote Steinbrech *Saxifraga o. oppositifolia,* die Silberwurz *Dryas octopetala,*

ein Weidenröschen, die Echte Bärentraube *Arctostaphylos uva-ursi* und das Alpenrispengras *Poa alpina.*
Zu den kontinentalen Pflanzen, die teilweise auch in Irland auftreten, zählen unter anderem der seltene Gewöhnliche Froschbiß *Hydrocharis morsus-ranae,* Augentrost *Euphrasia rostkoviana* und Weidenalant *Inula salicina.*
Zu den endemischen, also nur in Irland auftretenden oder aus Irland stammenden Pflanzen, gehören die Irische Weide *Salix hibernica,* der Irische Ampfer *Rumex hibernica,* eine besondere Unterart der Gänsekresse *Arabis,* ebenso ein Steinbrech, ein Habichtskraut und die Irische Mehlbeere *Sorbus hibernica.*
Eine für Geologen und Botaniker besonders interessante und ungewöhnliche Landschaft ist der **Burren**. Abgesehen von einem kleinen Gebiet in Nordengland ist der Burren einzigartig in Europa. Als Burren bezeichnet man das etwa 26 000 ha große Gebiet zwischen Lisdoonvarna, Lahinch, Ballyvaughan, Ennistymon und Corofin an der Westküste der Grafschaft Clare.
In Kilfenora gibt es ein Informationszentrum. Oberhalb des Kaarstlandes, in Richtung Gort, liegen etliche Seen, die zum Teil unterirdisch verbunden sind. Es gibt Turloughs („Trockene Seen“) und Bäche, die sich in Strudelkesseln und Erdhöhlen verlieren. Dolmengräber, Kreuze und alte Steinwälle künden von früher Besiedlung. Das Hoch-Burrengebiet nahe der Küste hat mehr als 40 km Gänge und Kammern – die meisten Höhlen

Irische Flora
Oben:
Knabenkraut
Unten links:
Glockenheide mit Zittergras im Hintergrund
Unten rechts:
Wiesenaugentrost (vorne) und Echtes Labkraut

Rechte Seite:
Wilder Thymian

sind jedoch nur für erfahrene Höhlenforscher zugänglich. Die „Ailwee“-Höhle, 3 km südöstlich von Ballyvaughan, ist für Besucher geöffnet. Sie reicht mit über 300 m Länge bis zur Mitte des Berges. Das umfangreichste Höhlensystem liegt bei Pollynagollum am Slieve Elva. Hier ziehen sich die Gänge über 11 km hin. Die Flora des Burren mit ihren arktisch-alpinen und mediterranen Pflanzen zeigt sich von Ende Mai bis Anfang Juni von ihrer schönsten Seite: Frühlingsenzian *Gentiana verna*, die wohl überraschendste Pflanze in Westirland, blüht auf kleinen Grasflecken von Mai bis

Anfang Juni. Im Burren wie auf anderen Kalksteinböden in den Bergen Westirlands gedeiht der Irische Steinbrech *Saxifraga hibernica*, dessen weiße Blüten auf den roten Kissen, die seine Blätter formen, leuchten. In verhältnismäßig geringer Höhe findet man die arktisch-alpine Silberwurz *Dryas octopetala*. Das violette Kukkucksknabenkraut *Orchis mascula* ist nicht nur im Burren, sondern auch auf Weiden mit Kalksteingrund verbreitet. Einen Teil des Burren (400 ha um Mullaghmore) wünschen sich Naturschützer als Nationalpark.

Doch nicht nur die seltenen, auch die vertrauten Pflanzenarten erfreuen. Wiesenblumen, Klee und Gräser stammen nicht aus einer bestimmten Saatmischung, sondern sind ansässige Pflanzen, wie sie von je her auf altem Weideland zu finden waren. Und wer ein Auge auch für die kleinen Pflanzen hat, wird überrascht sein von der Vielfalt wilder Orchideen oder von den zahlreichen Heidekraut-Arten. Die gegen atmosphärische Verunreinigung so empfindlichen Moose und Flechten gibt es ebenfalls reichlich, wie das Torfmoos *Sphagnum* oder die verschiedenen Arten der Becherflechte. Und im Südwesten der Insel gedeihen sogar seltene ozeanische und sogar tropische Pflanzen.

Der besondere Reiz Irlands liegt in der unverdorbenen und ursprünglichen Natur, die sich hier üppig und verschwenderisch zeigt. Selbst dort, wo sie von Menschenhand geformt wurde, ist sie ansprechend: Beispielsweise wachsen die Hecken oft mehrere Meter hoch; im Südwesten und Westen fährt man durch Rhododendron-Wälder, Straßenränder sind von mannshohen Fuchsienhecken gesäumt, die von Juni bis fast zum Ende des Jahres ihre leuchtend roten Lampions tragen. Im Frühling sind die wilden Johannisbeerbüsche unter den ersten blühenden Heckensträuchern, die verwildert, zusammen mit Schlehen und Weißdorn, die Felder teilen. Manches kleine Cottage mit seinem eingezäunten ehemaligen Garten hat die Natur sich nach einigen Jahren zurückgeholt, nachdem es von seinem letzten Bewohner verlassen wurde. Die einstigen Durchgänge sind von Hecken verschlossen, große Bäume verwehren den Einblick, und Dach und Wände des kleinen Hauses wachsen vollkommen mit Efeu zu.

Viele Hecken

Irland ist kein Land der Bäume oder gar Wälder. Zu lange wurde das Aufforsten vernachlässigt, und immer noch opfern Landbesitzer bedenkenlos uralte Baumriesen, weil Rinder und Schafe das dünne Gras unter den Bäumen nicht fressen, oder weil Feuerholz gebraucht wird. Nur in den Städten wird mehr Wert auf die Erhaltung der Bäume gelegt. Die im letzten Jahrzehnt entstandenen staatlichen Monokulturen sind selten Wälder, in denen man spazieren gehen möchte, und sie

wurden nicht zur Ergänzung des Ökosystems gepflanzt. Trotz der wenigen Wälder hat der Irland-Besucher nicht den Eindruck, die Landschaften seien kahl oder eintönig – dank der vielen Hecken, in deren Schutz auch große Bäume hochwachsen. Wenn man alle Hecken der Insel zu einem Ganzen zusammenfassen würde, dann könnte daraus ein ansehnlicher Mischwald entstehen.
In den Torfmooren wurden viele Zeugnisse irischer Geschichte, unter anderem auch Pflanzensamen, konserviert, die Rückschlüsse auf die Vegetation der Vergangenheit zulassen. Es wird vermutet, daß die Insel vor etwa 10 000 Jahren von Wäldern bedeckt war. Zuerst wuchsen Birken, dann Kiefern und Haselnußsträucher, und zur Zeit der ersten Besiedlung Irlands waren dann Eichen- und Ulmenwälder weit verbreitet. Vor 5000 Jahren begannen Bauern, die Wälder zu roden, um Weideland zu gewinnen, das gemeinschaftlich bewirtschaftet wurde. Später pflanzten englische Siedler auf ihren großen Gütern hauptsächlich Buchen und Linden, legten aber auch Hecken zum Schutz der Weiden und zur Begrenzung ihrer Felder an. Allerdings gab es schon damals Gebiete, in denen Steinmauern allein als Grenze dienten. Sie entstanden zum einen, um Weiden und Felder zu teilen, aber auch, um die unzähligen Steine nützlich zu verwenden, die beim Kultivieren der Felder aus dem Boden herausgesammelt wurden.
Die häufigsten Heckensträucher sind Schlehe, Weißdorn und Holunder und auf kargem Boden der

△ Fuchsienhecke am Lough Corrib

▽ Rhododendronhecke am Nephin Mountain

anspruchslose Ginster. Wer Irland einmal im Mai besucht, findet die Weiden gesäumt von starkduftenden Weißdornhecken und einzelnen, herausragenden Mehlbeerbäumen, deren silberweiß scheinende Blätter besonders auffallen. Ihre großen flachen Blütenteller ähneln denen der Eberesche, und sie tragen im Herbst dicke, fleischige Beeren. Wo Moor und Felsen die Landschaft dunkel und trüb erscheinen lassen, leuchten die goldgelben Stechginsterbüsche um so intensiver.
Was den Hecken aus der Entfernung manchmal den Charakter kleiner Wälder gibt, sind die dazwischen hochgewachsenen Eschen, kräftige Haselnußsträucher, die immergrünen Stechpalmen und Ulmen, die besonders im Osten und Süden des Landes zu finden sind.

Wenige Wälder

Irland ist nur zu etwa 5 % bewaldet. Dabei handelt es sich zum größten Teil um etwa 280 000 ha Staatsforst, Monokulturen, mit reinem Nutzholz bepflanzt. Die Regierung erwägt unterdessen, einen Teil des staatlichen Waldbesitzes zu privatisieren, weil es für den Staat unwirtschaftlich sei, Wälder zu unterhalten – ein trauriges Geständnis nach sechs Jahrzehnten Forstpolitik. Alte Laub- und Mischwälder sind selten geworden. Wälder, die als Forstparks für die Öffentlichkeit zugänglich gemacht wurden, bieten heute immerhin

Wald-Lehrpfade, die auf die verschiedenen Baumarten und Pflanzen hinweisen.
Obwohl der Staat Zuschüsse für die Aufforstung gibt, werden sie nur wenig genutzt und wenn, dann entstehen Koniferenforste, denen als Alibi einige andere Baumarten jeweils als Randbepflanzung beigegeben werden. Sogar Förster und Waldarbeiter fällen die herausragenden gesunden Laubbäume, wie Buchen und Eschen – als Feuerholz. In den frischgeschlagenen Lücken bleiben anschließend Pausenabfälle, Plastiköldosen und Benzinkanister, deren Inhalt für die Kettensägen gebraucht wurden, zurück. So, wie an den Berghängen die Weidegrenze durch ständigen Überbesatz mit Tieren immer tiefer endet und selbst die früher als Ackerland genutzten Flächen heute als kahle Wellen an den Hängen erscheinen, sind auch die kleinen Wälder in Privatbesitz durch Überweidung bedroht. Es wird nicht nur alles kahlgefressen, so daß sich unter den Bäumen nur noch Farn ausbreiten kann – es sind besonders die jungen Bäume gefährdet, weil die wildversäten Schößlinge keine Chance mehr haben, hochzuwachsen, um so den Wald zu regenerieren: Ihr zartes Grün ist bei Schafen beliebt, und die Rinder treten es nieder.
Fast zwei Drittel des irischen Laubwald-Bestandes wurden vor 1900 gepflanzt. Die Buchen des 18. und 19. Jahrhunderts entwurzeln oder brechen in den heftigen Weststürmen, werden von irischen Landbesitzern gefällt oder, wenn sie an Straßenrändern wachsen, von

den Behörden „präventiv" abgesägt. Ganze Alleen jahrhundertealter Bäume sind dadurch in den vergangenen Jahren vernichtet worden.

Bäume bedeuten in Irland „trouble" – das zeigt sich auch daran, daß kaum welche gepflanzt werden. 1981 wurde im ganzen Land zusammengenommen nicht einmal ein Hektar mit Laubbäumen bepflanzt. Traditionell

Rechte Seite: Forst in der Grafschaft Waterford
▽ Hasenglöckchen im Abbeyleix-Forst

schätzen irische Bauern Bäume auf ihrem Land wenig, weil sie ihren Tieren das „Gras wegnehmen“. Nur bei den alten anglo-irischen Gütern finden sich deshalb noch gute Laubbaumbestände, die jedoch sofort gefährdet sind, wenn der Staat das Land übernimmt und weiterverpachtet. Der von der Land Commission bestimmte Pächter kann jeden Baum fällen, ohne daß sich die Behörde darum kümmern würde. Es klingt wie eine Ironie der Geschichte: Als die anglo-irischen Landlords das Land bewirtschafteten, wurden Bäume gepflanzt, Wälder gepflegt und erhalten. Seit sich das Land in irischen Händen befindet, werden Bäume gefällt, Wälder zerstört oder vernachlässigt. In Irland ist es nicht der saure Regen, der die alten Wälder zerstört, sondern eine Verbindung aus mangelnder Planvorstellung, weitverbreiteter Ignoranz und kurzfristigem Geldstreben. Das ist besonders schade, wenn man bedenkt, daß die gälischen Vorfahren, auf die sich nationalbewußte Iren berufen, Bäume und Wälder so schätzten, daß sie sie in Gedichten und Liedern verewigten. Die Grafschaft Mayo beispielsweise leitet ihren Namen von der gälischen Form der „Ebene der Eibenbäume“ ab – eine Baumart, die heute allenfalls noch auf Friedhöfen zu bewundern ist, weil Eiben, wenn sie vom Vieh gefressen werden, tödlich wirken. Ein wenig Motivation zum Pflanzen bringt neuerdings der Wunsch nach einem „englischen Garten“, so daß Hausbesitzer beginnen, Zierbäume in ihre Vorgärten zu pflanzen.

Wenn man auf den Generalstabskarten die Namen alter Häuser liest, tauchen meist Bezüge zu den sie umgebenden Wäldern auf, die vor langer Zeit von ihren ehemaligen Eigentümern gepflanzt wurden. „Hollywood House“ erinnert nicht etwa an die amerikanische Filmmetropole, sondern an den ausgedehnten Stechpalmen-Wald, und „Oakwood Lodge“ trägt seinen Namen nach dem alten Eichenwald, in dem das Haus steht.
Die wenigen alten Eichenwälder auf der Insel finden sich heute noch in den Wicklow-Bergen, in der Nähe von Glendalough und in der Grafschaft Kerry, in der Umgebung der Killarney-Seen. Der Eichenwald von Coolattin beispielsweise ist unmittelbar durch Bebauung bedroht. Nach irischem Recht kann nur ein einzelner Baum als besondere Spezies geschützt werden, nicht jedoch ein ganzer Wald, auch wenn es einer der ältesten Eichenwälder Irlands ist. Diese Eichenwälder stehen meist auf saurem Boden, daher wächst dort eher die Traubeneiche *Quercus petraea (= sessilis)*, die sich ein wenig von der Stieleiche *Quercus robur (= pedunculata)* unterscheidet. Obwohl die Eichenwälder keine so reichhaltige Vegetation unter ihrem Blätterdach und den dazwischen wachsenden Birken und Ilex-Bäumen aufkommen lassen, ist die Vielfalt der Flechten und Moose erstaunlich. Diese zarten Pflanzen wachsen hier besonders gut, dank der Feuchtigkeit des irischen Klimas, die in diesen Wäldern noch besser gehalten wird, weil der Wind nicht eindringen kann, um die Rinde der Bäume

und die verschiedenartigen Moose auszutrocknen. Eine Besonderheit der Killarney-Wälder ist der „Strawberry Tree“, der Erdbeerbaum *Arbutus unedo*, so genannt, weil er zwischen seinen immergrünen Blättern rote erdbeerähnliche Früchte trägt, die allerdings ein wenig stachelig sind. Dieser Baum, der sonst hauptsächlich in Mittelmeer-Ländern vorkommt, gedeiht auch im milden Klima Südirlands.

Europas letzte intakte Moore

Irland ist fast zu einem Siebentel von Mooren bedeckt. Moor und Torf sind Begriffe, die untrennbar mit dem Leben auf dieser Insel verbunden sind. Das Moor wird „bog“ genannt, und der Torf, der im „bogland“ gestochen wird, ist der „peat“, während der Begriff „turf“ eher im Zusammenhang mit dem in Irland so beliebten Pferdesport verwendet wird.
Torf ist seit Jahrhunderten der traditionelle Brennstoff in Irland. Auch heute noch wird er von Hand gestochen, auf dem Land ausgebreitet, gewendet und schließlich in kleineren Haufen zusammengestellt und getrocknet, bevor man ihn im Spätsommer nach Hause bringt. Im Westen geschieht dies gelegentlich noch mit einem geduldigen kleinen Esel vor dem Karren, denn ein

▷ Traditionelles Torfstechen im Westen Irlands

Traktor würde in der weichen Erde leicht einsinken. Zum Torfstechen wird ein spezieller Spaten (gälisch: sleán) verwendet, der ein schmales, langes Blatt hat. Die trockenen Soden brennen meist im offenen Kamin oder im „range“, dem Küchenherd, der sich beim Backen, Kochen und Heizen bewährt hat. Wer als Gast des Landes den besonderen Geruch des Torffeuers kennengelernt hat, wird seinen herben Duft immer wieder mit den weiten Mooren, ihren kleinen dunklen Seen und den vereinzelt liegenden Cottages verbinden, aus deren Kaminen der Wind den Torfrauch wie eine weiße Fahne fortzieht.

Mehrere verschiedene Arten von Mooren findet man in Irland: Die Hochmoore (raised bogs) sind hauptsächlich im Landesinneren entstanden und wirken, als seien sie über das umgebende Land hinausgewachsen, indem von unsichtbarer Hand immer wieder Pflanzenreste aufeinandergehäuft und gepreßt wurden. Tatsächlich sind Hochmoore weitgehend mit Torfmoos (verschiedene *Sphagnum*-Arten) bedeckt, das in stetigem Wachstum die Oberfläche auffüllt und mit seinen abgestorbenen Teilen ein Torflager bildet und sich selbst „erhöht“. Das irische Torfmoos wurde übrigens im ersten Weltkrieg in großem Umfang gesammelt und in den Kriegslazaretten als antiseptische Wundauflage verwendet.

Eine andere Art von Mooren sind Flachmoore (blanket bogs), bei denen man den Eindruck gewinnt, sie seien wie eine Decke über das Land gelegt worden. Sie sind selten mehr als zwei Meter tief. Diese Deckenmoore finden sich hauptsächlich im Westen Irlands und in den Bergen.

Flachmoore werden meist von Grund- oder Hangwasser gespeist, Hochmoore entstehen dort, wo es viel Regen gibt und der Untergrund keinen ausreichenden Wasserabfluß hat. Weiterhin gibt es zwischen den beiden Arten Hochmoor und Flachmoor Übergangsformen, abhängig von Lage, Niederschlagsmenge und Wasserabfluß. Eine differenzierte Gliederung der Moor- und Heideflächen Irlands unterscheidet:

- Nieder- oder Flachmoore des Westens
- Berg-Flachmoore
- Zwischenmoore
- Hochmoore hauptsächlich der Zentralebene
- Sumpf- und Marschland ohne Torfbildung
- Berg- und Küstenheide

Heidegebiete befinden sich vor allem auf den nährstoffarmen Böden des Berglandes und an den Küstenstreifen. Hier herrscht die typische Zwergstrauchvegetation, die diesem Gebiet seinen Namen gibt. Früher waren diese Flächen meist bewaldet, heute bemüht man sich, sie teilweise wieder aufzuforsten.

In den Bergen und in Gebieten mit flachen Moorschichten hat sich der Torfabbau in großem Stil bisher nicht gelohnt. Jetzt aber werden auch kleine Moore in Privatbesitz kommerziell erschlossen. Neue Torfabbau-Maschinen, die an Traktoren angekuppelt werden,

machen dies seit kurzem wirtschaftlich, zumal der Staat dabei Zuschüsse gewährt. In der Vergangenheit standen der Schweiß des Torfstechens und die Mückenplage im Moor einer schnellen Erschließung dieser zahlreichen Kleinmoore entgegen. Nun sind auch diese Reservate für Tier- und Pflanzenleben ebenso bedroht wie die großflächigen Moore.
In der Landesmitte wird, seit der Gründung des irischen Torfabbau-Unternehmens Bord na Móna vor vierzig Jahren, der Torfabbau wie eine Industrie betrieben. Große Flächen werden dräniert, bevor riesige Maschinen sich in das Land hineinfressen. Bord na Móna produziert pro Jahr etwa 4 Millionen Tonnen Torf als Brennstoff und etwa eine Million Tonnen Gartentorf, der exportiert wird. Der irischen Zahlungsbilanz kommt beides sehr zugute, denn durch den Torf als Heizmaterial und zur Elektrizitätsgewinnung spart die Volkswirtschaft etwa eine Million Tonnen Heizöl, die sonst importiert werden müßten. Doch gleichzeitig gehen die großen unberührten Moore mit ihrer einzigarten ökologischen Struktur verloren. Sogar Europa-Politiker zeigen sich besorgt, daß die letzten Moore in Europa trockengelegt und abgebaut werden und damit der Pflanzen- und Tierwelt dieser Gebiete die Existenzgrundlage entzogen wird. Es gibt Überlegungen, künftige EG-Zuschüsse für Dränage-Projekte in Irland an Bedingungen zu knüpfen, die zur Erhaltung wenigstens eines Teiles der irischen Hochmoore beitragen sollen.

Wollgras mit Fruchtständen

In Holland haben Naturschützer sogar einen Fonds geschaffen, mit dem Ziel, Moor-Gebiete in Irland zu erwerben.

Es scheint tatsächlich, daß Irland sich nicht aus eigener Kraft zu einem wirksamen Schutzprogramm seiner Moore durchringen kann, und das nicht zuletzt aus finanziellen Erwägungen, denn der kleine Staat kann

sich weder Kompensationszahlungen an private Besitzer noch größere Energie-Importe leisten. Der Forest and Wildlife Service des Ministeriums für Forst- und Fischwirtschaft hat zudem nicht genügend Durchsetzungsvermögen gegen die wirtschaftlichen Interessen und gegen das Energie-Ministerium. Nach den jüngsten Zählungen des Forest and Wildlife Service zeigte sich, daß es in einigen Grafschaften schon keine intakten Moor-Gebiete mehr gibt. Durchschnittlich verschwinden pro Jahr etwa acht Moore. Die Wissenschaftler des staatlichen Naturdienstes verlangen deshalb, daß 48 „bogs“ mit etwa 28 000 ha Umfang, ein Bruchteil aus der Gesamtfläche aller irischen Moore, geschützt werden sollten. Mit dieser Minimum-Liste wollen sie eine repräsentative Zusammenstellung der verschiedenen Moorgebiete Irlands sichern – auch als ein Beispiel für kommende Generationen, wie Moore in Irland und Europa einst aussahen.
Doch nicht allein der Torfabbau zerstört Moor und Heide, auch durch das traditionelle Abbrennen großer Flächen von Heidekraut ist das Ökosystem gestört. Das Abbrennen soll das Austreiben frischer Heidekrauttriebe fördern und verhindern, daß sich die weidenden Schafe mit ihrer Wolle in dem alten knorrigen Heidegestrüpp verfangen. Naturschützer sehen jedoch in dieser Methode vor allem eine Zerstörung des Lebensraumes von Lerchen, Wachteln, Rebhühnern und Kiebitzen sowie den Verlust seltener Pflanzen und Moose.

Wie das Land am besten genutzt werden kann, nachdem Torf abgebaut wurde, wird immer noch erforscht. Zum Teil sind große Forstkulturen von schnellwachsendem Holz, das als Energiequelle später erneut „geerntet" werden kann, gepflanzt worden, zum Teil versucht man, mit aufwendigen Dränagen neues Weideland zu gewinnen. Beide Methoden der Weiterverwendung abgebauter Moore haben sich bisher wirtschaftlich nicht als überzeugend erwiesen.

Die Pflanzenwelt der Moore und Heidegebiete besteht in der Hauptsache aus verschiedenen Torfmoos-Arten und einer Vielfalt von Heidekräutern und Riedgräsern. Im Sommer bedecken verschiedene Arten blühender Heidekräuter, vom Gemeinen Heidekraut *Calluna vulgaris* mit seinen kleinen Blüten bis hin zur purpurn leuchtenden Glockenheide *Erica tetralix*, große Gebiete des sauren Bodens. Die Rosmarinheide *Andromeda polifolia* wächst vor allem auf Hochmooren. Beinbrech *Narthecium ossifragum* ist häufig zu finden, ebenso wie das Schmalblättrige Wollgras *Eriophorum angustifolium,* das mit Tausenden weißer Wattebäusche (den Fruchtständen) ganze „Baumwoll"-Felder bildet.

Das Aufrechte Fingerkraut *Potentilla erecta* blüht von Mai bis September und hat nur vier gelbe Blütenblätter. Die Gemeine Kreuzblume *Polygala vulgaris* zeigt ihre blauen Blüten von Mai bis September, und von Juni bis August findet man auf Kalksteinböden das hübsch blühende Sumpfherzblatt *Parnassia palustris* und den wil-

den Thymian *Thymus serpyllum.* Der Zwerg-Stechginster *Ulex minor* blüht im Herbst leuchtend gelb an höher gelegenen Plätzen.
Die nährstoffarmen Böden begünstigen die Entwicklung von 11 verschiedenen Karnivoren, den „fleischfressenden“ Pflanzen, wie beispielsweise der Rundblättrige Sonnentau *Drosera rotundifolia,* das Gewöhnliche Fettkraut *Pinguicula vulgaris* oder das Alpen-Fettkraut *P. alpina,* die kleine Insekten anlocken, fangen und verdauen. An den Rändern der Moore oder Seen und in Feuchtgebieten wachsen Segge *Carex,* Schneide *Cladium* und Schnabelried *Rhynchospora.* So lebendig grün die Feuchtgebiete und Moore zu Beginn des Sommers wirken, so bezaubert das Moor im Herbst mit seinen erdigen Ocker- und Braunschattierungen der Gräser und Binsen.

5000 Kilometer Küste

Die irische Meeresküste ist über 3500 Meilen lang (5600 km) und so abwechslungsreich, als hätten sich die Länder Europas mit ihren Küstenlandschaften hier zu einer Ausstellung versammelt: Lange unberührte Sandstrände wechseln mit dramatischen Steilkliffs, Geröllstrände mit rundgeschliffenen Steinen werden von Schlickwatt abgelöst. Zu den Sehenwürdigkeiten Irlands zählen die Cliffs of Moher in der Grafschaft

Clare und der Giant's Causeway in Nordirland. Diese phantastische Basaltlandschaft mit unzähligen polygonalen Säulen und überraschenden Steinformationen ist eine Reise in den Nordwesten der Insel wert.
Wer lange, einsame Wanderungen in Sanddünen liebt, wird in Irland glücklich. Viele der hohen Dünen sind mit Strandgräsern bewachsen. Irische Naturschützer weisen darauf hin, daß an manchen Stellen die Dünen bedroht seien, zwar nur geringfügig bisher und kaum wahrnehmbar für einen unbefangenen Spaziergänger, doch könnte die Entwicklung ähnlich wie auf dem Kontinent zum Verlust unberührter Küstenlandschaften führen.
Auf manchen Dünen lassen sich eigenartig rechtwinkelige Kanten erkennen, die zeigen, wo Grasflächen ausgestochen wurden. Da die Küstenbauern kein Torfland besitzen, haben sie an solchen Stellen Grassoden gestochen, um damit zu heizen. Das Gras kann nicht mehr nachwachsen, während der Wind den Sand unter den abgestochenen Kanten aushöhlt. So nimmt die Befestigung der Düne ab, und der Sand wird im Laufe der Zeit abgetragen.
Einen ähnlichen Effekt hat die unkontrollierte Beweidung der Dünen. Bauern in den „benachteiligten Landgebieten" erhalten EG-Subventionen pro Schaf. Diese „Kopfprämien" ermöglichen es jetzt auch armen Bauern, mehr Schafe als früher zu halten. Die Dünen werden bis zur Narbe abgegrast, teilweise werden Wur-

zeln mit herausgerissen. Diese natürliche Dünenbefestigung kann sich nicht schnell genug regenerieren, und die kräftigen Westwinde beschleunigen die Erosion.
Eine dritte Ursache ist die Tradition der Küstenbewohner, sich Sand von den Dünen zu holen. Solange sie mühsam mit der Hand einen Eselskarren vollschaufeln mußten, war dieser Abbau nicht erwähnenswert. Heute dagegen ist es möglich, mit Traktor und Anhänger so viele Ladungen von Muschelkalk und Sand zu holen, wie zur Verbesserung von Äckern und Weiden oder für den Neubau von Haus und Ställen benötigt werden. Vor kurzem versuchte man, einen Bauunternehmer daran zu hindern, seinen Bedarf lastwagenweise von einem landschaftlich besonders schönen Strand abzufahren.
Wer an Connemaras Küsten wandert, wird beeindruckt von der Weite und Einsamkeit der Strände und begeistert von der Möglichkeit, sich sein Abendessen von eßbaren Uferschnecken im Sand zu sammeln oder Pfahlmuscheln bei Ebbe von den Felsen pflücken zu können. Man sieht Bauern der Umgebung, wie sie große Mengen Seetang sammeln, es zum Düngen ihrer kleinen Felder abfahren oder zum Trocknen auf den Felsen ausbreiten. Meist wird es jedoch an Futtermittel- oder Düngemittelhersteller verkauft. Zu einem geringeren Teil landen die beiden Algenarten Carragheen (Irish Moss) und Dulse (Speiserotalge) in den Gesund-

---

▷ Dünenlandschaft mit Erosionserscheinungen bei Inishbofin

heitsläden der Insel, aber auch in europäischen Reformhäusern.
Am Rand des Meeres findet man salzwasser-tolerante Pflanzen wie die Salzaster *Aster tripolium,* an den Steilküsten den violettblauen Strandflieder *Limonium vulgare,* auch als Strandnelke bezeichnet. Am Rand des Strandes steht die Strandmelde *Atriplex littoralis,* und in den Dünen finden sich Strandgräser wie der Strandroggen *Leymus arenarius* und die Stranddistel *Eryngium maritimum.*

Viel Platz für Tiere

100 irische Vögel

Irland ist für Ornithologen und andere Naturfreunde ein Paradies: Hier kann man leicht eine Vielzahl von Vögeln beobachten, von denen manche auf dem Kontinent nur noch in „roten Zahlen" existieren. Das Fernglas gehört deshalb in das Gepäck eines jeden interessierten Irland-Reisenden.
Man rechnet, daß etwa 200 Vogelarten regelmäßig in Irland vorkommen, während etwa 180 weitere Arten eher gelegentlich auf der Insel landen, weil sie auf ihrem Zug in wärmere Länder (oder auf dem Rückweg) von

der Route abgetrieben wurden. Von den rund 200 regelmäßig in Irland vorkommenden Vogelarten sind 35 im Sommer, 40 im Winter und 30 lediglich kurzfristig hier zu Gast – nur 100 Vogelarten sind in Irland seßhaft.

100 irische Vögel: Mitgezählt sind vier irische „Spezialitäten“ – Unterarten, die sich durch leichte Variationen von den kontinentalen Arten unterscheiden: der Irische Eichelhäher *Garrulus glandarius hibernicus,* die Wasseramsel *Cinclus cinclus hibernicus,* die Tannenmeise *Parus ater hibernicus* und das Moorschneehuhn *Lagopus lagopus hibernans.*

Feuchtgebiete – Süßwasserseen, Teiche, Bäche und Flüsse – gibt es in Irland reichlich. Einen guten Eindruck von der Vogelwelt dieses Lebensraumes vermittelt ein Besuch des Oxford-Island-Schutzgebietes im Lough Neagh (s. S. 151), das übrigens auch ein hervorragendes Beispiel für eine gelungene Verbindung zwischen Naturschutz und Gelegenheit zu Beobachtung, Bildung oder Erholung ist.

An Flußläufen, Seeufern, auf Inseln und sogar in offenen Küstengebieten kann man noch häufig den Graureiher *Ardea cinerea* beobachten. Er ist ein Lauerjäger und steht lange Zeit bewegungslos am Wasser, mit gerecktem Hals oder zwischen die Schultern eingezogenem Kopf, bereit zum blitzschnellen Zustoßen mit seinem kräftigen langen Dolchschnabel, sobald ein Fisch auftaucht. Wo man einen Reiher sieht, ist der nächste nicht weit, es sind gesellige Vögel, selbst bei der Jagd, und sie

brüten in Kolonien; die Bäume mit bis zu 100 Horsten sind schon von weitem erkennbar, weil sie durch den ätzenden Kot teilweise kahl geworden sind.
An klaren Bächen zeigt sich der Eisvogel *Alcedo atthis,* bunt wie ein Bewohner der Tropen – ein „fliegender Edelstein“, wie man ihn auch oft genannt hat. Seine Jagdweise ist mit der des Reihers vergleichbar, auch er ist ein Lauerjäger: Er setzt sich auf einen Ast oder eine Wurzel, nicht allzu hoch über dem Wasserspiegel; sobald er eine Beute erspäht hat, stürzt er kopfüber steil ins Wasser, kehrt auf die Warte zurück, legt sich die Beute zurecht und schluckt sie hinunter. Gegen die Wasserfläche gesehen, ist seine blaugrün schillernde Oberseite eine unübertreffliche Tarnung. In Deutschland fehlt ihm heute meist auch die Gelegenheit zum Nisten: Er baut lange Röhren in eine Ufer-Steilwand, die es an begradigten Bächen nicht mehr gibt.
Ein weiteres Beispiel für einen Vogel der Binnengewässer, der in Deutschland vom Aussterben bedroht ist, diesmal ein Schwimmvogel, ist die Löffelente *Anas clypeata.* Sie kommt in Irland häufig vor und brütet beispielsweise im Westen Irlands, am Lough Carra. Ihr auffälliger löffelartig verbreiterter Schnabel dient der Nahrungsaufnahme: Sie seiht damit – hauptsächlich nachts – aus dem Wasser Kleinlebewesen (Treibgut und Plankton), bei vorgestrecktem Hals den Kopf seitwärts schwenkend und unter ständigem Schnattern. Oft schwimmen dabei mehrere Enten hintereinander im

△ Eine irische Unterart der Wasseramsel

▽ Bunt wie aus den Tropen: Eisvogel

Kreis, weil jede dann von den Tierchen profitiert, die die Vordere mit den Füßen hochwirbelt. Auf dem Zug und im Winterquartier hält sich die Löffelente außer am Süßwasser gerne an den Meeresküsten, vor allem in Mündungsgebieten, auf.

Irland ist im Winter für Vogelkundler ebenso interessant wie im Sommer: Die Insel ist Überwinterungsplatz für viele Arten von Wasservögeln in teils großer Zahl, denn das milde Klima läßt die Gewässer kaum zufrieren. Bei einigen Arten erreicht die Winterpopulation in Irland so hohe Anteile am Gesamtbestand der Welt, daß immer mehr Gewässer als „Wildfowl Sanctuary of International Importance“ eingestuft werden.

Enten finden sich beispielsweise in großen Zahlen an den Flußmündungen ein, etwa bei Castlemain Harbour oder an der Einmündung des Little Brosna in den Shannon. Pfeifenten *Anas penelope* suchen oft ihre Nahrung (fast nur Pflanzenkost) nach Gänseart auf einem Weidegrund. Manchmal läßt der Erpel das hohe Pfeifen hören („wirr wibwü“, „wibwi“), das ihnen ihren Namen gegeben hat. Die kleinen Krickenten *Anas crecca* fallen durch ihren schnellen, wendigen Flug ins Auge – ein wunderschöner Anblick, wenn an die hundert grüne Flügelspiegel beim Kippen über dem Wasser aufblitzen, bevor sich der Schwarm senkt und im Schilf unsichtbar wird. Die Tafelenten *Aythya ferina* liegen beim Schwimmen tiefer als die Schwimmenten und fast waagerecht im Wasser; bevor sie tauchen, sinken sie

deutlich noch tiefer ein (durch das Ausatmen und Auspressen der Luft aus dem Gefieder), dann erst tauchen sie mit einem Kopfsprung weg, auch bei der geringsten Störung; zum Auffliegen brauchen sie einen ziemlich langen Anlauf, bei deutlich hörbarem Wassertreten.
Von Gänsen und Schwänen überwintern beispielsweise Zwergschwäne *Cygnus columbianus,* Grönland-Bleßgänse *Anser albifrons flavirostris* und Singschwäne *Cygnus cygnus* aus Island auf der Grünen Insel. Im Flug ist der Singschwan von seinem größeren und allgemein bekannten Vetter, dem Höckerschwan *Cygnus olor,* leicht zu unterscheiden: Der Singschwan gibt oft auch während des Fluges eine Art Posaunen-Doppelton von sich (auf den sich sein Name bezieht), läßt aber kein lautstarkes Fluggeräusch hören. Der Zwergschwan ist ruffreudiger, mit deutlich andersartiger Stimme, einem einsilbigen kraftvollen „kuhk“. Schwäne genießen übrigens in Irland einen besonderen Schutz über das Naturschutzgesetz hinaus. Nach der alten keltischen Sage der „Children of Lír“ sind es verwunschene Königskinder, die man besonders in ländlichen Gegenden, wo diese Geschichten noch lebendig sind, natürlich nicht schießen möchte. Nicht immer fallen unter diesen besonderen Schutz die Wildgänse, die dem Landwirt in kurzer Zeit die Wintersaat oder eine Weide wegfressen, die für seine Schafe mit ihren Lämmern vorgesehen war.

Auch die Bleßgans ist für den geübten Beobachter durch ihre Stimme zuverlässig unterscheidbar, ein hohes, gellendes und hastiges zweisilbiges „kilick“, fast wie ein Gelächter. Außerdem ist sie an der weißen Stirnblesse, der sie ihren Namen verdankt, erkennbar, die die Zwerggans aber auch besitzt. Insgesamt wirkt sie dunkler als die Graugans. Die grönländische Rasse zeichnet sich durch den gelben statt fleischfarbenen Schnabel aus, wie der wissenschaftliche Name angibt.
Zahllose Watvögel (Limikolen) überwintern in Irland an meeresnahen Feuchtgebieten, ein für die Vogelwelt Irlands wichtiger Lebensraum: die Meeresküsten mit ihren Schlick- und Schlammflächen, Salzwiesen und Brackwassertümpeln. So verschieden die Watvögel sind, so leicht sind sie doch an den gemeinsamen Eigenheiten zu erkennen: Bei der Nahrungssuche stochern sie mit dem Schnabel im Boden, öffnen die Schnabelspitze, oft unter Drehbewegungen („Zirkeln“), und ergreifen die Beute; Beine und Schnabel sind lang und damit für die Futtersuche im Schlick besonders geeignet.
Zu den Watvögeln, die in Irland überwintern, gehören auch die Goldregenpfeifer *Pluvialis apricaria.* Sie sind außerhalb der Brutzeit ausgesprochen gesellig, scharen sich zu Hunderten zusammen und lassen immer wieder den klangvollen, melancholischen Flötenruf hören, durch den sie in Kontakt bleiben. Ahmt man diesen Ruf nach, kann man fliegende Vögel manchmal zum Abschwenken oder gar zum Landen bewegen.

Auch die Rotschenkel *Tringa totanus* schließen sich im Winterquartier zu Trupps von mehreren hundert Einzeltieren zusammen, obgleich sie während der Brutzeit streng die Reviere abgrenzen. Sie neigen wenig dazu, sich unter andere Limikolenschwärme zu mischen; an ihren ziegel- bis orangeroten Beinen und dem typischen dreisilbigen „düdlüoh“-Ruf sind sie leicht zu erkennen. Die Pfuhlschnepfe *Limosa lapponica* aus dem arktischen Norden zeigt sich außerhalb der Brutzeit wenig ruffreudig, sie ist eher ein Distanztier und tritt in lockeren Scharen auf, oft vermischt mit anderen Watvögeln. Unverkennbar sind die Schwärme des – viel kleineren – Sanderlings *Calidris alba,* durch die helle, bei Flugbewegungen aufblitzende Gefiederfarbe, durch die gedrungene Gestalt der einzelnen Vögel und die Art der Aktivität. So groß die Scharen im Winterquartier sind – bis zu mehreren hundert, ausnahmsweise viele 10000 Exemplare, meist nicht mit anderen Arten vergesellschaftet –, so sieht man bei der Nahrungssuche doch ständig von einigen Tieren hier und dort aggressives Verhalten; wahrscheinlich kann nur so der einzelne Vogel bei aller Geselligkeit sich seinen Nahrungsplatz sichern.
Ein ganz besonderer, immer wieder faszinierender Lebensraum an den Meeresküsten sind die Vogelfelsen. Sie sind vielleicht der Hauptgrund für die Anziehungskraft, die Irland auf mitteleuropäische Ornithologen ausübt. Berühmt sind beispielsweise die Skellig-Insel-

gruppe der Grafschaft Kerry und die Rathlin-Insel vor der Küste der Grafschaft Antrim (s. S. 141 und S. 151). Nähert man sich mit dem Boot einem solchen Vogelfelsen, hört man schon von weitem das Geschrei der Dreizehenmöwen *Rissa tridactyla,* die ständig ihren eigenen Namen rufen – leider nur auf englisch: „kittiwake, kittiwake, kittiwake“. Sie brüten zu Zehntausenden auf den schmalsten Felsenabsätzen, an den steilsten Stellen in hoher Siedlungsdichte – man fragt sich, wie der einzelne Vogel sich noch wenden kann und seinen Platz wiederfindet.

Auch die Baßtölpel *Sula bassana* brüten an steilen Felswänden in hoher Dichte – nur so weit, wie der Schnabel des Nachbarn reicht, ist das nächste Nest entfernt, das aus Tang, Gras, Federn und Strandgut groß gebaut, aber nur mit einem Ei belegt wird. Schon, wenn man sie hier mit dem Fernglas beobachtet, können sie einen durch ihre Schönheit begeistern: die gänsegroße schlanke, außerordentlich wohlgeformte Gestalt mit dem spitzen Schnabel, die weiße Grundfarbe mit den schwarzen Flügelspitzen, der schwarzen Gesichtsmaske und dem zimtbraun überstäubten Kopf und Nacken. Auf dem Land mögen sie sich unbeholfen bewegen (daher der Name), doch sind sie hervorragende Flieger und Stoßtaucher. Sobald sie im Flug über dem Meer einen Fisch erspäht haben, stoßen sie mit angelegten Flügeln senkrecht ins Wasser hinab; die Körperform ist dafür höchst geeignet, die gut entwickelten Luftsäcke in

der Brust wirken als Stoßdämpfer, die Nasenlöcher werden verschlossen.
Die Papageitaucher *Fratercula arctica* wirken wie Clowns unter den Vögeln, mit ihrem schwarz-weißen Gesicht, dem dreieckigen, seitlich abgeflachten, rotblau-gelben Schnabel, der gedrungenen, dickköpfigen Gestalt. Sie sind Höhlenbrüter, ihre Nester liegen auf den grasbewachsenen Geröllhalden in natürlichen oder selbstgegrabenen Löchern und Spalten. In der Nähe der Höhlen kann man mit Glück und Geschick während der Fortpflanzungszeit beobachten, wie die Partner miteinander schnäbeln und damit tatsächlich an Papageien erinnern. Die akustische Verständigung ist eher von geringer Bedeutung, fast nur am Brutplatz ist ein knarrender Laut zu hören, ähnlich einer schlecht geölten Tür, beispielsweise aus Ärger über die Störung durch den Beobachter.
Neben Trottellumme *Uria aalge,* Tordalk *Alca torda* und Gryllteiste *Cepphus grylle* seien noch einige Spezialitäten der irischen Vogelfelsen genannt: Sturmschwalben *Hydrobates pelagicus,* Große Sturmtaucher *Puffinus gravis,* Dunkle Sturmtaucher *Puffinus griseus* und Schwarzschnabel-Sturmtaucher *Puffinus puffinus.* Sturmschwalben und Schwarzschnabel-Sturmtaucher brüten beispielsweise auf der Blasket-Inselgruppe vor der Dingle-Bucht (Grafschaft Kerry). Die beiden anderen Sturmtaucher-Arten brüten auf der Südhalbkugel und suchen Irland in ihrem „Winter", also im nördlichen Som-

mer auf und sind dann beispielsweise auf Cape Clear Island, Grafschaft Cork, zu finden.
Doch nicht nur die Vogelwelt der Feuchtgebiete und Meeresküsten fasziniert den Irland-Reisenden, auch die in großer Zahl auftretenden bekannten Singvogelarten erfreuen den Vogelliebhaber. Wie naturverbunden viele Iren noch sind, zeigt sich darin, daß in jedem Jahr der Kuckuck *Cuculus canorus* als erster „Tourist" auf der Insel mit großer Spannung erwartet wird. Dann stehen viele Vogelfreunde im Wettbewerb, wer in diesem Jahr den ersten Kuckuck bereits im März gehört hat, und sogar die Zeitungen berichten darüber. Ebenso sieht jeder gern die ersten Schwalben ihre Plätze einnehmen – als Zeichen des nahenden Sommers. Außer der Rauchschwalbe *Hirundo rustica,* die meist in Ställen brütet, wählen auch die im Freien brütende Mehlschwalbe *Delichon urbica* und die in Erdhöhlen an Ufern von Seen und Flüssen (manchmal auch in Torfbänken) brütende Uferschwalbe *Riparia riparia* Irland als vorübergehende Residenz.
Rabenvögel sind in Irland keine Seltenheit, im Gegenteil, die meisten werden, besonders auf dem Land, als Plage angesehen. Die großen Nebelkrähen *Corvus corone cornix* sind oft an den Küsten zu beobachten, während die Saatkrähe *Corvus frugilegus* zum Bild großer alter Häuser in Irland gehört. Sie nistet, wenn sie ungestört bleibt, in Kolonien in den hohen Buchen, von denen die Häuser umgeben sind. Es ist eine besondere

△ Der Clown unter den Vögeln: Papageitaucher
▽ Die Kornweihe – der „große Habicht" der Iren

Stimmung, wenn in der Dämmerung Schwärme von unzähligen großen schwarzen Vögeln mit lautem „kraah, kraah“ einfliegen und ihre Plätze in den Schlafbäumen einnehmen.

Die großen Krähen, vor allem die Nebelkrähen, wurden von den Farmern auch deshalb verfolgt, weil sie zuweilen in einsamen Berggegenden den vom Lammen entkräfteten Schafen die Augen auspickten und auch schwache Lämmer getötet haben sollen.

Der in Deutschland seltene Kolkrabe *Corvus corax* ist in Irland noch oft zu beobachten, besonders in Küstennähe und in abgelegenen Bergregionen, wo er gerne nistet. Er ist im Flug am besten an seinem keilförmigen Schwanz zu erkennen, aber auch an dem eigenartig metallisch klingenden Ruf. In der keltischen Mythologie spielt der Rabe eine wichtige Rolle, und noch heute gibt es einen irischen Rabenfluch: „The raveńs curse on you!“

Die kleinen Dohlen *Corvus monedula* sind oft nicht weit, denn sie sind besonders „häuslich“, bevorzugen sie doch als Nistplatz die Kamine - auch solche, die noch benutzt werden. Dort sitzen sie während der kalten Jahreszeit, um sich aufzuwärmen, und manchmal wird gar behauptet, die Dohlen seien süchtig nach Torfrauch, denn einen Kaminzug der Öl- oder Kohlenheizung würden sie meiden. Man vertreibt die freundlichen Pärchen nur ungern, aber die Probleme mit dem Nistmaterial wie Stöckchen, Moos und Tierhaare sind, trotz der

abweisenden Drahtnetze auf den Kamintöpfen, in jedem Frühjahr ein Ärgernis für den Hausbesitzer.
Weniger geduldig sind die Bauern gegenüber den Elstern *Pica pica,* die frech genug sind, durch den Hühnerschlupf in das Geflügelhaus zu fliegen, und nicht nur am Futter teilhaben, sondern auch die Eier stehlen. Seltsamerweise scheinen sie auch Fensterkitt zu mögen, den sie an einigen Stellen immer wieder herauspicken, sobald man ihn erneuert hat.
Unter den Greifvögeln sind der Sperber *Accipiter nisus* und der Turmfalke *Falco tinnunculus* in Irland weit verbreitet. Während der Sperber an Waldrändern, entlang dichter Hecken und in Buschland eher niedrig und schnell fliegt, um kleine Vögel bis zur Größe von Ringeltauben zu jagen, hat der Turmfalke eine ganz andere Jagdweise: Er verharrt wie ein Drachen an einer Stelle in der Luft, um plötzlich auf sein Opfer niederzustoßen.
Der Merlin *Falco columbarius* ist der Zwergfalke von Moor- und Bergland, während der selten gewordene Wanderfalke *Falco peregrinus* eher an Meeresküsten zu finden ist. Der „Große Habicht“ der Iren, die Kornweihe *Circus cyaneus* hat sich nur im Süden der Insel gehalten, seit der vermehrten Forstanpflanzung fand sie dort wieder Jagd- und Schutzraum.
Der Mäusebussard *Buteo buteo* kommt fast nur im Norden Irlands (Rathlin Island) vor, wird aber gelegentlich auch wieder in Donegal gesehen.
Andere Greifvögel, wie die Rohrweihe *Circus aerugino-*

sus und die Wiesenweihe *Circus pygargus*, sind seltene Sommergäste. Der Fischadler *Pandion haliaetus* ist nur selten (im Herbst) anzutreffen und der schon fast sagenhafte Goldadler (Steinadler) *Aquila chrysaetos* ist zu Beginn des Jahrhunderts ein Opfer der unbarmherzigen Jagd von Wildhütern und Schafsfarmern geworden. Er kommt nur noch selten aus Schottland in den Nordwesten Irlands, wo man ihn wieder anzusiedeln hofft.
In Irland gibt es nur drei Eulenarten: die Waldohreule („Long-eared owl") *Asio otus*, die Schleiereule *Tyto alba* und die nur zu Gast weilende Sumpfohreule („Short-eared owl") *Asio flammeus*. Besonders die Schleiereule hat schon manchen irischen Geistern (beispielsweise der Banshee, der Verkünderin eines Todesfalls in der Familie) als Alibi für ihre Existenz gedient. Die Schleiereule nistet gerne in unbewohnten alten Gebäuden, auch in Kaminzügen, und benutzt sogar manchmal alte Dohlennester. Ihre Stimmvariationen reichen von haarsträubenden Schreien bis zum friedvollen Schnarchen eines älteren Eulenherren. So waren die Bewohner von Castle Warren bei Cork, wie James Fairley berichtete, reichlich beunruhigt, als sie im Schloß Schnarchgeräusche hörten, wie die eines Mannes, der einen Tag harter Arbeit hinter sich hat. Die Familiengeschichte wurde nach den verstorbenen Ahnen durchforscht und deren Rückkehr als Geist erwogen, bis schließlich ein vogelkundiger Besucher das Geheimnis im Kamin „entschleierte".

Ein Hase, den es nur in Irland gibt

Irland hat nicht nur eine geringere Pflanzenvielfalt, auch von den Säugetieren konnten sich nach der Eisschmelze viele Arten nicht mehr auf der Insel entwikkeln. Über 4000 Säuger gibt es auf der Erde, in Europa sind 150 Arten vertreten – in Irland dagegen nur 28, Seehunde und Wale nicht mitgerechnet. Die Iren selber sehen dies nicht unbedingt als Nachteil an und weisen gelegentlich darauf hin, daß es auf ihrer Insel keinen Maulwurf gibt, der den Bauern und Gartenfreunden das Leben schwermachen könnte, und im übrigen auch keine Schlangen. Außerdem fehlt die (Wald-)Spitzmaus – und auch das (Maus-)Wiesel, obwohl in Irland jeder das eher kleine Irische Hermelin *Mustela erminea hibernica* als „weasel" bezeichnet.

Das Irische Hermelin ist braun mit weißem Bauch, ganz weiße Exemplare hat es nur selten gegeben – eines ist im Nationalmuseum zu bewundern. Da das Hermelin auch tagsüber jagt, sieht man es gelegentlich eine Straße überqueren, auf einer Mauer entlanglaufen oder auch in ihr verschwinden. Man sollte ihm nicht unbewehrt zu nahe kommen, zumal Hermeline auch in Gruppen jagen. Es sind unerschrockene, aggressive Kämpfer, die sich von Mäusen, Ratten, Vögeln und deren Eiern und sogar von Fischen ernähren, da sie auch gute Schwimmer sind.

Ein Wildhüter aus Tyrone berichtete, er habe einen Turmfalken beobachtet, der sich nur langsam vom Boden erhob, offensichtlich mit einer Beute in den Klauen. Als er etwas an Höhe gewonnen hatte, fiel er plötzlich zu Boden. Das Opfer war ein Hermelin, das sich schnell befreite und wegrannte – der Turmfalke war tot.

Das irische Landvolk spricht mit Respekt vom „Weasel" (meint aber immer „Stoat" *Mustela erminea hibernica*) und läßt es unbehelligt, solange es nicht im Geflügelhaus den Hühnern den Hals durchbeißt – daher die Auffassung, daß es sich von Blut ernähre. Außerdem glaubten irische Landarbeiter fest daran, daß das Hermelin Gift spucken könne: Wenn ein Kornfeld geschnitten wurde, soll es das Feld vom Rand aus beobachtet haben. Falls sein Nest zerstört oder eines seiner Jungen getötet wurde, soll es zum Vesperplatz der Schnitter gelaufen sein und in deren Buttermilchkanne Gift gespuckt haben.

Das kleinste Säugetier in Irland ist die Zwergspitzmaus *Sorex minutus,* nur 4 bis 5 cm lang und 3 bis 6 g schwer. Sie hat eine lange, bewegliche Nase und ein dunkelbraun-graues, samtartiges Fell und ist nicht mit den Mäusen nahe verwandt, sondern gehört wie der Igel zu den Insektenfressern (Insectivora). Die Zwergspitzmaus ist in ganz Irland verbreitet, bis hoch in die Berge.

Außer der bekannten Hausmaus *Mus musculus* ist natürlich auch die langschwänzige, braune Kleine Waldmaus oder Feld-Waldmaus *Apodemus sylvaticus* überall auf der Insel zu finden. Sie lebt in Wald- und Moorland und sucht Schutz in den Trockensteinmauern, die so typisch für irische Landschaften sind. Sie ist dämmerungs- und nachtaktiv und klettert hervorragend, wobei sie ihren Schwanz als Widerlager und Balancierstange benutzt. Auch auf andere Fortbewegungsarten – Laufen, Springen, Schwimmen – versteht sie sich bestens, ja, manchmal benimmt sie sich wie eine „Springmaus“ und hüpft auf den Hinterbeinen davon, wenn sie eilig fliehen will.

Die kleine, rotbraune Uferwühlmaus oder Rötelmaus *Clethrionomys glareolus* (teilweise, zutreffender, auch Wald-Wühlmaus genannt) tritt in Irland erst seit den sechziger Jahren als unerwünschter Neuling auf. Sie bevorzugt schattenreiche Lebensbedingungen mit Bodenwuchs oder Fallaub: Ufergebüsch, Auwälder oder niedrige Hecken beispielsweise.

Auch von Ratten ist Irland nicht verschont: Die braune Wanderratte mit hellem Bauch *Rattus norvegicus* kommt überall vor, eine schwarze Ratte *Rattus rattus* gibt es nur auf Lambay Island nördlich vor Dublin.

Eichhörnchen sind als rote, *Sciurus vulgaris,* und als etwas größere grauschwarze Form, *Sciurus carolinensis,* vertreten. Bei ihren „Hochzeitsspielen“ jagen die Partner durch die Bäume von Wipfel zu Wipfel, springen mehrere Meter weit oder lassen sich aus der Höhe auf den Boden herabfallen, wobei sie ihren buschigen

Schwanz als Fallschirm benutzen. Die überdachten Nester, die Kobel, finden sich auch in Feldgehölzen oder höherem Heckengesträuch. Eichhörnchen fühlen sich also nicht ausschließlich auf hochstämmigen Bäumen wie Eichen wohl (worauf ihr Name hinweist), die in Irland selten geworden sind.

Igel *Erinaceus europaeus* werden auf englisch „hedgehog" – wörtlich: Heckenschwein – genannt, was ihren bevorzugten Lebensraum angibt und gleichzeitig deutlich macht, warum sie sich auf der Grünen Insel wohlfühlen. Obst auf den Stacheln ins Lager transportieren, wie ein zählebiger Volksglaube behauptet, das können allerdings auch die irischen Igel nicht.

Fledermäuse, in Deutschland eher selten geworden, sind in Irland mit sieben Formen vertreten. Die kleinste ist die Zwergfledermaus *Pipistrellus pipistrellus,* sie ist am ehesten zu beobachten, weil sie manchmal auch bei Tageslicht ausfliegt und sich mit kleineren Quartieren begnügt. Die einzelnen Arten oder Unterarten leben, unterschiedlich verbreitet, in den verschiedenen Landesteilen vorzugsweise in Kirchtürmen, Ruinen und unter den Dächern großer, alter Häuser. Dort kann man sie auch tagsüber oder während des Winters kopfunter hängend schlafen sehen.

Dem von England eingeführten graubraunen Feldhasen *Lepus europaeus* begegnet man fast nur in den „Kultursteppen" des Nordwestens – dem echten „Irischen Hasen" dagegen, bei entsprechendem Lebensraum,

Der Irische Hase △ ist eine nur in Irland vorkommende Unterart, ebenso das Irische Hermelin ▽.

überall in Irland. Er hat kürzeres und dichteres Haar, ist schokoladenbraun, im Winter eher grauweiß und hat im Vergleich auffallend kurze Löffel, die zwar länger als die der Kaninchen sind, doch nicht so groß wie die eines Europäischen Feldhasen. Beim „Irish Hare“ handelt es sich um eine auf Irland beschränkte Unterart des Schneehasen, *Lepus timidus hibernicus;* ihr fehlt das weiße Winterfell, wie es sonst für die Art kennzeichnend ist.

Wildkaninchen *Oryctolagus cuniculus* sind auf der ganzen Insel reichlich verbreitet, in manchen Gebieten sind sie zu einer Plage geworden.

Der Anblick eines Rotfuchses *Vulpes vulpes* ist keine Seltenheit. Man trifft ihn auf Weiden, in der Nähe kleiner Forste und auf den schmalen Landstraßen. Oft verrät ihn das Gezeter der wachsamen Amsel *Turdus merula*. Elstern *Pica pica* verfolgen ihn manchmal sogar und machen so auf seinen Standort oder seine Bewegungen im hohen Gras aufmerksam.

Zu Ende des Jahrhunderts war der Fuchs in Irland rar geworden. Die meisten kamen in den Fallen der Schafsfarmer oder durch die Kugel des Wildhüters um. Doch hatten sich die Bestände bald wieder erholt, und heute wird er wieder auf den traditionellen Fuchsjagden zu Pferde und mit eigens dafür gehaltenen Hundemeuten gejagt. Auch die Bauern sind gelegentlich hinter ihm her, nicht nur, weil sie um ihre neugeborenen Lämmer fürchten, sondern weil ein Fuchspelz von den Händlern gut bezahlt wird, und diese fragten bisher nicht, ob er mit der verbotenen Schlinge oder Falle oder durch eine Kugel umgekommen ist.

Das seltenste irische Säugetier ist der Baummarder *Martes martes*. Er ist erheblich größer als ein Hermelin und hat einen buschigen Schwanz, gleicht ihm aber in seiner Körperform. Er ist dunkelbraun mit heller Halsunterseite bis zur Brust und kann bis zu einen halben Meter groß werden und bis zu drei Pfund wiegen. Heute lebt er vermutlich nur noch im Westen Irlands, besonders im Burren-Gebiet in County Clare.

Dagegen haben sich einzelne Exemplare des Amerikanischen Nerzes oder Minks *Mustela vison* aus der Gefangenschaft von Pelzfarmen befreit und vermehren sich rasch in der neugewonnenen Freiheit. Irischen Nerzfarmern war übrigens kein dauerhafter Erfolg beschieden. Die Tiere entwickelten in den milden irischen Wintern nicht das gewünschte dichte Qualitätsfell, und den Pelzmänteln gingen schon bald nach dem Erwerb die Haare aus.

Ähnlich oft wie den Fuchs kann man – wenn man sich ihrer nächtlichen Lebensweise anpaßt – Dachse *Meles meles* in Irland sehen, manches Mal schwere Tiere von bis zu 40 Pfund Gewicht, die offensichtlich keinen Hunger kennen. Sie nehmen eine vielseitige Gemischtkost zu sich: von Beeren, Samen, Obst, Pilzen bis zu verschiedenen Bodeninsekten, Larven, Fröschen, Schnecken, Regenwürmern, auch Eier und Jungvögen. In der Dämmerung und nachts ziehen sie schnüffelnd, schnaufend und schmatzend und mit der länglichen Schnauze wühlend durch die Gegend. Die schwarz-weiße Kopfzeichnung leuchtet dabei aus dem Dunkel heraus, ein „Signal", das dem Zusammenhalt der Partner dient. Teils stößt man auch auf ihre Bauten, die Meisterwerke unterirdischer Baukunst sind.

Es ist ein offenes Geheimnis in Irland, daß bei Zusammenkünften in einsamen Gegenden und abgelegenen Scheunen Dachskämpfe stattfinden. Der Dachs wird zu mehreren Kämpfen mit verschiedenen Hunden gezwungen, für beide geht es um Tod oder Leben. Offiziell ist dieses mit hohen Wetten verbundene „Vergnügen" jedoch verboten und der Dachs geschützt.

In den wenigen Wäldern der Insel trifft man gelegentlich auf Damwild *Dama d. dama,* das sonst in den großen Parks gehalten wird. Der Japanische Sikahirsch *Cervus n. nippon* ist eine Unterart, die im 19. Jahrhundert nach Irland eingeführt wurde; man kann ihn im Killarney-Nationalpark beobachten. Lediglich das Rotwild *Cervus elaphus hippelaphus* gilt als ursprünglich irisch. Heute findet sich der einzige bodenständige Bestand ebenfalls im Killarney-Nationalpark. Anderswo – etwa im Connemara-Nationalpark – wurde der Rothirsch im ehemaligen Lebensraum wieder eingebürgert.

Der bekannteste irische Hirsch soll nicht unerwähnt bleiben, auch wenn von ihm heute nicht mehr als Knochen zu bewundern sind: der Irische Riesenhirsch. Er soll vor etwa 10000 Jahren hier heimisch gewesen sein und hatte eine Schulterhöhe von etwa vier Metern. Als Beweis dafür dient ein Gerippe, das im Moor gefunden wurde.

Wer gerne in den Bergen wandert, wird hin und wieder auch einmal von einer Herde wilder Ziegen *Capra hircus* überrascht. Sie haben entweder ein schwarz-weißes oder ein braun-weißes Fell, manchmal mit schwarzen Flecken. Die Böcke tragen zum Teil lange, nach hinten gebogene oder seitlich geschwungene Hörner. In den Wicklow-Bergen, in Killarney und in Westirland begegnet man ihnen in Herdengrößen von bis zu zwanzig Tieren. In einigen einsamen Bergregionen werden Ziegen wie Wild geschossen und an Hundefutterfabriken oder, wenn es Zicklein sind, an Dubliner Restaurants verkauft.

Frühaufsteher können mit viel Glück und einem Tip von den „locals" Fischotter *Lutra lutra* am Fluß oder See beobachten. Otter sind in Europa fast ganz verschwunden, hier findet man sie durchaus nicht selten. Sie leben oft unbemerkt an der Meeresküste oder an den Ufern und auf den Inseln großer Seen. Wer einmal Gelegenheit hatte, diese scheuen Tiere im Wasser zu beobachten, ihre verspielte Grazie und Wendigkeit bewundert hat, mit der sie tauchen, sich rollen, drehen, auf dem Rücken schwimmen oder mit den Pfoten ihre Lieblingsnahrung, Aal, halten, der wird alle Flußbegradigungen und Kanalisierungen auf der Stelle rückgängig machen wollen. Leider hat der Otter keine Lobby und wird, wie Kormoran und Graureiher, von den ansässigen Anglern heimlich dezimiert, weil auch er Fische als Nahrung benötigt, die die Menschen für ihren Sport reservieren möchten.

Bedauerlicherweise enden jedes Jahr viele Otter in Hummerkörben, aus denen sie sich nicht mehr befreien können, so daß sie ertrinken. Fischereibeamte finden immer wieder tote Otter in ihren Netzen, mit denen sie Hechte aus Forellengewässern abfangen. Zur Nahrung des Otters gehören außer Käfern und Würmern Flußkrebs, Aal, Hecht, Barsch, aber auch Forelle und Lachs, was ihm die irischen Angler besonders übelnehmen. Immerhin ist das Bewußtsein für diese im übrigen Europa selten gewordene Tierart größer geworden, und die Aussichten, daß der Otter in Irland überleben kann, sind gut: Bei der jüngsten Zählung wurde festgestellt, daß Irland den größten Otterbestand in Europa hat.

Die Völker der Meere

Geschichten über Seehunde werden auch heute noch an den Kaminen von Pubs an der Westküste Irlands erzählt. Da ist von Robben die Rede, die sich, von Menschenhand berührt, plötzlich selbst in Menschen verwandeln; von Robbenmüttern, die Menschenbabys

säugen und sich rächen, wenn eine der ihren von Menschen erschlagen wurde. Ihr Aussehen und Verhalten muß die Phantasie der Menschen seit Jahrhunderten angeregt haben, und so blieben die Seehunde nicht einfach Meeresbewohner, sondern wurden zu einem rätselhaften Volk, über das man wenig Genaues weiß. Eines allerdings wissen irische Fischer sehr genau: Seehunde zerreißen ihre Fangnetze und fressen die Fischbestände auf. Diese Tiere lassen sich leicht zum Sündenbock machen, auch wenn es offensichtlich andere Gründe für weniger große Fänge gibt: das Überschreiten der Fangquoten oder die Anwendung illegaler Fangmethoden vor allem. Als 1982 die Fischer von Achill Island im Nordwesten Irlands auszogen und Robbenbabys auf Inishkea Island erschlugen und erschossen, ging eine Welle der Empörung durchs Land, und seither hielten freiwillige Tierschützer, die „Sea Shepherds", jedes Jahr ab Spätherbst auf der Robbeninsel Wacht, um eine Wiederholung des Blutbades zu verhindern.
Es wird geschätzt, daß etwa zwei- bis dreitausend Tiere der beiden Seehund-Arten an den irischen Küsten leben: des selteneren Gemeinen Seehunds *Phoca vitulina* und der Kegelrobbe *Halichoerus grypus*, die mit über zwei Metern Länge größer und schwerer ist als die Hundsrobbe. Ein Unterscheidungsmerkmal ist der längere und flachere Kopf der Kegelrobbe. Wenn sie schlafen und wie eine Flasche aufrecht im Wasser treiben, kann man Kegelrobben an der eher parallelen Anord-

nung der Nasenlöcher und die Hundsrobben an den ein V bildenden Nasenlöchern erkennen.
Übrigens sind Robben sehr aufmerksame Beobachter: Während der Naturfreund am Ufer einer Insel entlangläuft, folgen sie ihm unauffällig. Dabei haben sie eine bemerkenswerte „Standfestigkeit“ im Wasser. Selbst wenn meterhohe Atlantikbrecher sie von hinten treffen und überrollen, tauchen sie doch genau an der gleichen Stelle wieder auf, nachdem sich das Wasser wieder beruhigt hat, und paddeln gelassen wie zuvor, den interessierten Blick auf den Fremden gerichtet.
Immer wieder werden tote Wale an irischen Küsten gefunden – offenbar Tiere, die im Wasser bereits verendet sind und dann angeschwemmt wurden. Das ist fast der einzige Beweis für ihre vorübergehende Gegenwart. Jedes Jahr besuchen sie Irlands Meere auf ihrem Zug in wärmere Gewässer, wo sie ihre Walkälber aufziehen. Als die Norweger zu Beginn des Jahrhunderts eine Walstation in Blacksod Bay und auf Inishkea Island unterhielten, wurden in sieben Jahren mit den damals noch einfachen Methoden im Umkreis von nur 60 Meilen etwa 700 Wale gefangen. Insgesamt wurden bisher 22 Arten in Irland registriert.
Am häufigsten werden Schulen von Tümmlern *Tursiops truncatus* vor Irlands Westküste beobachtet. Delphine, *Delphinus delphis* u. a., zeigen sich im Gegensatz zu den Walen weitaus öfter – ihre Neugier bringt sie in die Nähe von Stränden und Booten.

Viele Fische

Irlands Fischreichtum zieht professionelle Fischer und Sportangler aus allen Ländern an. In den irischen Hoheitsgewässern fischen spanische Fischerboote, die hier offenbar so gute Fangergebnisse haben, sowohl in Menge wie in der Qualität der Fische, daß es sich für sie lohnt, die hohen Strafen in Kauf zu nehmen, mit denen sie rechnen müssen, wenn sie einem Küstenwachboot der kleinen irischen Marine „ins Netz gehen".
Mit dem warmen Golfstrom kommen Fischarten wie Seebarsch *Roccus labrax* oder Meeräsche *Mugil* spec. an Irlands Süd- und Westküste, und von Nordwesten die in kälteren Meeresgewässern lebenden Arten wie Hering *Clupea* spec. und Kabeljau *Gadus morua*. Die irische Fischereiflotte allerdings ist veraltet, die meisten Boote sind lediglich für die Küstenfischerei geeignet. Ihr Fang besteht etwa je zu einem Drittel aus den auf dem Meeresboden lebenden Arten wie Kabeljau *Gadus morua,* Weißfisch *Leuciscus* spec., Scholle *Pleuronectes platessa,* Seezunge *Solea solea,* Rochen *Raja* spec., Schellfisch *Melanogrammus aeglefinus* und den an den oberen Meeresschichten lebenden Fischen wie Hering *Clupea* spec., Makrele (Scombridae) und Sprotte *Sprattus sprattus*.
Ein weiteres Drittel machen Schalentiere aus: Garnelen, Krabben, Langusten, Austern oder Hummer.

Außerdem bringt der Lachsfang einen wichtigen Teil des Umsatzes. Die meisten Fänge werden in den Fischerei-Häfen von Killybegs, Howth, Rossaveel, Castletownbere, Dunmore East und Galway gelandet und von dort auf den Kontinent exportiert.
Doch die Mengen, die hier entladen werden, sind ein Bruchteil dessen, was moderne Fischfangflotten anderer Länder vor Irlands Küsten fangen. Die irische Fischereiwirtschaft ist unterentwickelt, sowohl in der Hochseefischerei als auch in der Fischzucht. Der Staat hat in der Vergangenheit nicht die Chancen erkannt, die im Aufbau und in der großzügigen Unterstützung einer modernen Fischfangflotte liegen. Während Millionen an staatlichen Zuschüssen und Steuervergünstigungen für die Ansiedlung ausländischer Industrieunternehmen bereitstehen, haben irische Regierungen bisher wenig Vertrauen in die natürliche Ressourcen ihres Landes gesetzt. Erst in jüngster Zeit versucht der Staat, allerdings mit begrenztem finanziellen Einsatz, die maritime Wirtschaft des Landes zu fördern. Ein Grund für die halbherzige Förderung der Fischereiwirtschaft in der Vergangenheit lag sicher auch in der historischen Abhängigkeit von Großbritannien. Dort hatte man kaum Interesse an der Existenz einer eigenständigen irischen Flotte. Wer zur See fahren wollte, heuerte daher meist auf englischen Schiffen an. Irlands großer Mann der Seefahrt, John de Courcy Ireland, sagt deshalb auch, daß Irland erst dann seine volle Unabhängig-

keit gewinnen werde, wenn es nach dem Land auch das Meer zurückerobern würde.

Einen weiteren Grund für das Desinteresse des Inselvolkes an den Produkten des Meeres sehen Historiker auch in der traditionellen Ablehnung von Fischgerichten, die viele Iren an vergangene Notzeiten erinnern. Außerdem sind Fischgerichte für die meisten Iren lediglich ein Fastenessen. Kauft man jedoch an einem Tag, an dem die Fischfangflotte von McDonoghs in Galway mit reichem Fang zurückgekehrt ist, in ihrem Fischgeschäft an den Quais ein, dann steht eine so reichhaltige Auswahl wie am Mittelmeer zur Verfügung, aber von besserer Qualität, denn die Atlantikküste ist unverdorben, und die Fischbestände sind gesund. Manche Krustentiere wie Langusten *Palinurus elephas,* Taschenkrebse *Cancer pagurus,* Hummer *Homarus vulgaris,* Kaisergranat *Nephrops norvegicus* werden in irischen Städten ebenso geschätzt wie auf dem Kontinent, aber Große Seespinne *Maia squinado* oder Stein-Seeigel *Paracentrotus lividus* landen meist auf dem großen Markt von Paris, wo sie gute Preise erzielen. Etliche der feinsten Fischarten aus irischen Meeren wie beispielsweise Heringskönig *Zeus faber,* Seeteufel *Myoxocephalus scorpius*, Rochen *Raja* spec. oder Dornhai *Squalus acanthias* sind von vornherein für den Export bestimmt und werden daher nur sehr selten in irischen Fischgeschäften angeboten.

Es ist übrigens ungefährlich, im Atlantik zu baden, denn der bis zu neun Meter lange Riesenhai *Cetorhinus maxi-*

△ Hochsee-Angeln auf Haie
▽ Fischerboote im Hafen von Dingle

mus gilt als „Vegetarier" und ist – wie die anderen fünf Hai-Arten, die bis zu Irlands Küsten schwimmen – ungefährlich. Es sind eher die Menschen, die den Haien nachstellen, denn das Hochseeangeln ist ein beliebter Sport kontinentaler Angler und bringt meist reiche Fangergebnisse. Aber auch das Angeln auf den irischen Binnenseen und an den unzähligen kleinen Gewässern ist selten eine Enttäuschung.

An den großen Seen landeinwärts, meist nur wenige Meilen vom Meer entfernt, bieten sich in schöner Landschaft sichere Gewässer mit guten Möglichkeiten zum Angeln. Die Bestände an Forellen, die in Seen mit Kalksteingrund schnell wachsen, sind immer noch gut. Dazu gibt es Lachsgewässer, die häufig in Privatbesitz sind und für die eine Lizenz erworben werden muß. Das Angeln auf Hecht *Esox lucius,* Flußbarsch *Perca fluviatilis,* Brasse Abramis brama, Plötze *Rutilus rutilus,* Rotfeder *Scardinius erythrophthalmus* und Schlei *Tinca tinca* ist, bis auf wenige Gewässer, frei und zeitlich nicht begrenzt. Man benötigt dafür keinen Angelschein und nur selten eine Angelerlaubnis. Allerdings ist das Angeln mit Lebendköder verboten.

Es ist bekannt, daß Hechte auch Ratten fressen, und es gehört mit zu den größten Schauergeschichten unter Iren, daß ein Angler einen Hecht öffnete und darin eine komplette Ratte fand: „Und diesen Fisch soll man essen?" Dennoch gibt es Ausnahmen, am Lough Carra beispielsweise wird die alte und unterdessen illegale

Heringskönig gibt es in Irland nur selten zu kaufen, ebenso Seeteufel

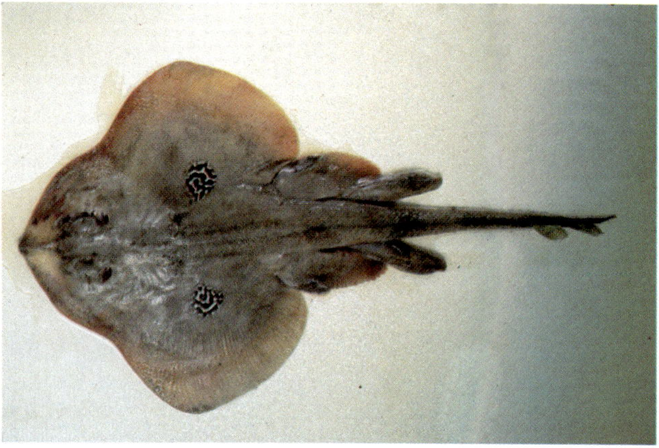

Vor Irlands Küsten gefangene Rochen und Dornhaie werden auf den Kontinent exportiert.

Tradition praktiziert, den Hecht zu „gaffen“. In kalten Wintern, wenn die flachen Ausläufer des Sees zugefroren sind, treiben sechs bis acht Männer die Hechte, die sich in dem klaren, zugefrorenen Wasser nur langsam unter der Eisdecke bewegen, dem Ufer zu, indem sie mit Stöcken auf das Eis schlagen. Nahe dem Ufer wird der Fisch mit einem gezielten Schlag auf das Eis direkt über seinem Kopf betäubt, die Eisdecke aufgebrochen und der Hecht mit dem Landehaken, dem Gaff, ans Ufer gezogen. Nicht selten sind dabei Exemplare von zehn bis achtzehn Pfund.

Die Angelleidenschaft der Iren ist jedoch im allgemeinen auf die Edelfische begrenzt: den Lachs *Salmo salar* etwa oder die Meerforelle *Salmo trutta trutta*, die, ähnlich wie der Europäische Flußaal *Anguilla anguilla*, sowohl für ein Leben in Salzwasser wie auch in Binnengewässern ausgestattet ist. Die „brown trout“, die Seeforelle *Salmo trutta lacustris*, ist die häufigste Forelle in irischen Binnenseen. Sie ist mit ihrem hellrosa, lachsähnlichen Fleisch der Meerforelle ähnlich. Noch heute sind etliche irische Angler der Meinung, daß es zahlreiche spezifisch-irische Arten gäbe, wie beispielsweise die „Gillaroo-Forelle“ *Salmo stomachius,* mit stark vorspringenden Bauchseiten, oder die besonders gezeichnete „Galway-Forelle“ *Salmo gallivensis.* Tatsächlich handelt es sich um Standort-Varietäten der Meer- oder Lachsforelle *Salmo t. trutta* oder der Seeforelle *Salmo t. lacustris.* Die Gillaroo-Forelle beispielsweise hat deshalb einen plumpen Bauch, weil sie sich mehr als die anderen Arten von Muscheln und Schnecken ernährt. So sind auch die unterschiedlichen Körperformen, Zeichnungen und Gewichte auf die Lebens- und Nahrungsbedingungen der jeweiligen Gewässer zurückzuführen.

Eine eigene Art ist jedoch der „Char", die Rotforelle (Seesaibling) *Salvelinus alpinus,* ein Mitglied der Salmoniden-Familie, das in einigen Seen Süd- und Westirlands vorkommt. Eigentlich kam die kleine, kräftig rot-orange-gepunktete Forelle nur zum Laichen in die irischen Binnengewässer, wurde dann jedoch möglicherweise in einigen Bergseen zum Ende der Eiszeit „eingeschlossen".

Der „Killarney Shad", eine irische Alse *Alosa fallax killarnensis*, ist sehr rar und wird ebenfalls als ein „Gefangener der Eiszeit" betrachtet. Er kommt nur in den Killarney-Seen vor und wird selten gefangen, da er weder Spinner noch Fliege nimmt, weil er sich von Plankton ernährt. Dieser Fisch kann praktisch nur in Netzen gefangen werden.

Ebenso geht der „Pollan", die Irische Maräne *Coregonus pollan*, dem Fischer nur ins Netz. Dieser heringsähnliche Fisch kommt in den Shannon-Seen Ree und Derg vor und in den nordirischen Loughs Erne und Neagh. In Belfast werden die mit Netzen gefischten Maränen aus dem Lough Neagh in den Geschäften verkauft.

Aber auch wer kein Sportangler ist, wird die Stille und die Schönheit der Seen, deren klares Wasser noch trinkbar ist, schätzen und sich an dem kraftvollen Sprung der Forelle erfreuen, die manchmal an warmen Tagen mit ihrem ganzen Körper aus dem Wasser schnellt. Im Mai, wenn das milde Wetter den Schlupf der Maifliege begünstigt und unzählige Fliegen auf dem Wasser treiben, kann man an windstillen Tagen sehen und hören, wie Forellenmünder um das Boot herum die Fliegen mit leicht schmatzendem Geräusch von der Wasseroberfläche „abküssen". Dies ist die Zeit fürs „Fliegenfischen", eine Methode, die auch unter kontinentalen Anglern immer mehr Freunde gewinnt.

Diese sportliche Art des Angelns ist in Irland zwar nicht so hochkultiviert wie in England, aber doch die meistpraktizierte Methode irischer Angler. Oft bindet der Fliegenfischer seine künstlichen Fliegen, die die Insekten zur jeweiligen Jahreszeit naturgetreu nachahmen sollen, selbst auf den Haken. Einige wenige halten dazu sogar besondere Geflügelrassen, um ganz speziell gefärbte Hals- oder Nackenfedern für das Fliegenbinden zu gewinnen. Die „Naßfliege" wird unter Wasser eingezogen (sie ähnelt manchmal dem Larvenstadium einer Fliege und heißt dann „Nymphe"); dazu werden meist Hennenfedern verwendet, die weicher sind und die Fliege lebendiger erscheinen läßt. Für „Trockenfliegen" werden die Hechelfedern vom Hahnenhals bevorzugt, sie sind steifer und halten die Fliege bessser auf der Wasseroberfläche. Entsprechend werden auch Schnüre verwendet, die sinken oder auf dem Wasser liegen, und als Rute sind 2 bis 4 Meter lange Gerten üblich. Es gibt Fliegenfischer, die mit über 100 kunstvoll gebundenen Fliegen und federleichten Kohlefasergerten, die schon fast als Kultgegenstand behandelt werden, ihr Glück versuchen. Andere, meist „locals“, benutzen noch die alten, vergleichsweise schweren Bambusruten und ihre „Standardfliegen“, wie die „Große Frühlings-Olivbraune“ oder die „Maifliege“, mit denen sie, zumal bei ihrer besseren Gewässerkenntnis, nicht weniger fangen. In den irischen Westseen werden jedes Jahr Seeforellen von über 10 Pfund Gewicht gefangen, oft übrigens auch am Spinner beim Schleppen.

Das Angeln gehört zu den beliebten Sportarten der Iren. Obwohl sie, wenn sie einen See betrachten, eher eine reduzierte Naturauffassung offenbaren – wozu soll er sonst gut sein als zum Angeln? –, läßt die Angelleidenschaft sie zu enthusiastischen Naturschützern werden: Fische können nur in ökologisch intakten Gewässern leben. Daher begann man neuerdings, Kanalisierungen wieder mit Kies und Felsgestein anzureichern, um die alten Laichplätze wiederherzustellen, die durch die Begradigung verlorengegangen waren.

Ein Land für Naturfreunde

Nationalparks und Forstparks

Irland hat drei große Nationalparks. Sie umfassen, mit Flächen von 2000 bis 10000 Hektar, ganze Landschaften im Südwesten, Westen und Nordwesten. Es sind eher wilde, zum Teil unberührte Naturreservate.
Die „Forest Parks“ (Forst- oder Waldparks) sind meist ehemalige Domänen, und in einigen befindet sich noch das alte Herrschaftshaus. Die Baumriesen stammen teilweise aus der Zeit, in der die Parks angelegt wurden, die später durch moderne Nutzholzpflanzungen ergänzt worden sind. In allen Landstrichen entstehen Forstparks, angelegt vom irischen „Forest and Wildlife Service“ als Erholungs- und Wildparks, sie sind für Besucher geöffnet. Nachstehend werden neben den Nationalparks auch einige der größeren „Forest Parks“ genannt.

Killarney-Nationalpark, Grafschaft Kerry

In dieser zauberhaften Landschaft um die Killarney-Seen, südlich und westlich der Stadt Killarney – ein beliebtes Touristenziel – haben sich schon seit langem Menschen aufgehalten; in der Bronzezeit, vor etwa

National- und Forstparks

4000 Jahren, beispielsweise wurde auf der Ross-Insel im Lough Leane Kupfer abgebaut. Heute umfaßt der rund 8000 ha große Nationalpark eine interessante Mischung aus fast unberührten Landschaftsteilen – so findet sich hier das größte natürliche Waldgebiet des Landes – und kultivierten Parks und Gärten.

Am östlichen Rand liegt Muckross House, dessen Eigentümer früher das Land um die Seen besaßen. In der Nähe entstand durch eine Schenkung bereits 1932 die Keimzelle des jetzigen Schutzgebietes, der Bourn Vincent Memorial Park – Irlands erster Nationalpark. Muckross House wurde von der Parkverwaltung als Besucherzentrum gestaltet: In Ausstellungsräumen (besondere Eintrittsgebühr) wird über die umgebende Landschaft wie auch die Volkskunde der Grafschaft Kerry informiert; in den ehemaligen Ställen informiert eine Tonbildschau über den Nationalpark, eine Teestube und ein Laden für Kunsthandwerk laden zur Rast und zum Einkauf ein. Der Park ringsum, „Muckross Gardens", ist berühmt durch seine Rhododendren und Azaleen sowie die Sammlung von exotischen Bäumen und Gehölzen. Sehenswert sind auch der Steingarten – er soll zu den schönsten Europas zählen – und die ausgedehnten Feuchtanlagen.

In der nordwestlichen Ecke, noch näher an der Stadt Killarney, liegt ein weiteres ehemaliges Gutsgelände – Knockreer Estate – mit schön gestalteten Parkflächen und angenehmen Spazierwegen, die teilweise eine herr-

liche Aussicht auf den Lough Leane und die Berge im Hintergrund bieten.
Kulturell interessant sind außerdem die gut erhaltenen Ruinen der Muckross-Abtei, einer Franziskaner-Gründung aus dem Jahre 1448.

Die Pflanzenwelt des Killarney-Nationalparks wird vor allem von dem milden ozeanischen Klima geprägt: Moose, Lebermoose, Flechten und Farne, besonders Hautfarne *Hymenophyllum,* wachsen üppig, oft als Epiphyten (Aufsitzpflanzen) auf Zweigen und Stämmen der Bäume. Unter Botanikern berühmt ist die Gegend wegen der Erdbeerbäume *Arbutus unedo,* die sonst im Mittelmeerraum heimisch sind. Das Großblütige Fettkraut *Pinguicula grandiflora* und der Rauhhaarige Steinbrech *Saxifraga hirsuta* sind weitere Beispiele für Pflanzen, die sonst eher in Süd- oder Südwesteuropa vorkommen. Besonders beeindruckend aber sind die schönen ursprünglichen Eichen- und Eibenwälder – eine Seltenheit auf der Grünen Insel. Die Eichen finden sich auf dem devonischen Old-Red-Sandstein der Gebirge, überwiegend Traubeneiche mit Stechpalme und anderen Immergrünen als Unterwuchs. Eiben wachsen in tieferen Lagen auf Karbonkalken, beispielsweise auf der Muckross-Halbinsel, sie werfen so dichte Schatten, daß kaum andere Pflanzen unter ihnen aufkommen, sich nur ein dichter Moosteppich bilden kann. In der gebirgigen und wasserreichen Landschaft sind große

Teile des Schutzgebietes durch Heide- und Moorvegetation geprägt.

Berge, Wälder und Gewässer bestimmen auch die Vielfalt der Tierwelt. Zwergtaucher *Podiceps ruficollis,* Wasserralle *Rallus aquaticus* und Graureiher *Ardea cinerea* brüten zahlreich an den Seen, Eisvogel *Alcedo atthis* und Wasseramsel *Cinclus cinclus* sind oft an den Flüssen und Bächen zu beobachten. In den Bergen, besonders an den Hängen des Torc und des Mangerton, kann man mit Glück und Geschick Gruppen des einzigen bodenständigen Rotwildbestandes *Cervus elaphus* antreffen, den es in Irland noch gibt. Man hat den Eindruck, daß sie hierhergehören; dagegen empfindet man die eingebürgerten Japanischen Sikahirsche *Cervus n. nippon* eher als fremd. Die Vogelwelt wird im Winter durch Zugvögel erheblich bereichert. Beispielsweise sucht ein großer Teil der Grönland-Bläßgänse *Anser albifrons flavirostris* seine Nahrung im Winter im Killarney-Tal. In den waldigen Gegenden ernähren sich vom Herbst an zu Tausenden Rot- und Wacholderdrosseln *Turdus iliacus* und *T. pilaris* aus dem hohen Norden von den reichlich vorhandenen Beeren. Insgesamt wurden im Killarney-Nationalpark 114 Vogelarten nachgewiesen, davon 64 Brutvögel.

Der Nationalpark ist im ganzen Jahr ohne Gebühr bis zum Eintritt der Dunkelheit geöffnet. Am besten besucht man von Killarney aus (die Stadt selbst ist ein Touristenzentrum, das der Naturfreund in der Hauptsaison meidet) zunächst Muckross House, das nur etwa 6 km von der Stadtmitte entfernt (N 71 Richtung Kenmare) und ganzjährig geöffnet ist. Die Einfahrt mit dem Auto durch das Muckross House Gate ist zu bestimmten Zeiten erlaubt, die dort angeschlagen sind. Man kann in Killarney auch Fahrräder leihen oder Kutschen mieten. Wanderer haben unter normalen Umständen zu allen Teilen und Zeiten Zugang, es gibt eine Reihe von markierten Wanderwegen und vier Naturlehrpfade. Den schönsten Ausblick auf den Naturpark gewinnt man von „Ladie's View" aus (an der N 71, etwa 20 km von Killarney), wo schon die Hofdamen der Königin Viktoria in Entzückensrufe ausgebrochen sein sollen. Auch für Bergtouren ist das Gebiet reizvoll, man sollte aber aus Sicherheitsgründen in einem der Informationsbüros Nachricht über geplante Route und Ankunftszeit hinterlassen.

Angler können sich im Touristenbüro der Stadt über die unterschiedlichen Bedingungen informieren; Boote werden an mehreren Stellen um die Seen vermietet. Das Angeln in dem Teil des Laune-Flusses, der zum Schutzgebiet gehört, wird von der Parkverwaltung geregelt. Der Muckross-Lake und einige kleinere Seen sind zum Schwimmen geeignet, ohne daß besondere Einrichtungen vorhanden sind.

Auskünfte: Killarney National Park, Muckross, Killarney, Co. Kerry; Tel. 064/31665.

Connemara-Nationalpark, Grafschaft Galway

Eine noch stärker von Gebirgen bestimmte Landschaft, in der Heide- und Moorflächen vorherrschen, bietet der 2 000 ha große, seit 1976 eingerichtete Connemara-Nationalpark in der Grafschaft Galway bei Letterfrack. Auch hier handelt es sich um uraltes Siedlungsland – zu den ältesten Funden gehört ein 4000 Jahre altes Megalithgrab; verschiedene Spuren deuten darauf hin, daß die Gegend eine Zeitlang sehr viel stärker besiedelt war: Entwässerungssysteme, alte Grenz- und Lesesteinmauern, mehrere Gebäudereste, ein Kalkbrennofen und ein Brunnen beispielsweise. Heute ist es eine der unberührten, „authentischen" Landschaften Irlands, die noch nicht von Touristen überflutet wird – mit kahlen Hochebenen, einsamen Bergseen und schroffen Felshängen, dazwischen grüne Senken und braune oder von Wollgras weiße Flachmoore – eine Landschaft, die sicherlich nicht nach jedermanns Geschmack ist, also auch in Zukunft einzelnen Kennern vorbehalten bleiben wird.
Am Rande von Letterfrack wurde in früheren Stallgebäuden ein Besucherzentrum eingerichtet; dort kann man zur Information eine Tonbildschau ansehen oder sich zu einer der Lehrwanderungen anmelden.
Für den Pflanzenliebhaber sind besonders die typischen Moor- und Heidepflanzen reizvoll. Unter den verschiedenen Heidekräutern, mit denen die Berghänge überzo-

gen sind, gilt die Irische Heide *Daboecia cantabrica* als botanische Spezialität, weil sie sonst nur im Mittelmeerklima, in Portugal, vorkommt. In den Mooren lassen sich die verschiedenen „fleischfressenden" Pflanzen studieren, die Sonnentau- und Fettkraut-Arten; mit ihren Fangvorrichtungen locken und töten sie Insekten und entnehmen deren Eiweiß Stickstoff, der in den Moorböden „Mangelware" ist.
Die größten Tiere im Schutzgebiet sind durch den Einfluß des Menschen hier: Der natürliche Rothirschbestand ist seit 150 Jahren ausgestorben, doch hat man vor kurzem mit einem Wiedereinbürgerungs-Programm begonnen. Gleich am Besucherzentrum wird man eine Herde reinrassiger Connemara-Ponys antreffen, die zum Bild der Landschaft hier gehören. Die Vogelwelt wird durch solche Arten wie Wiesenpieper *Anthus pratensis,* Feldlerche *Alauda arvensis,* Steinschmätzer *Oenanthe oenanthe* und Schwarzkehlchen *Saxicola torquata* geprägt; neben den häufig vorkommenden Turmfalken *Falco tinnunculus* kann man auch Sperber *Accipiter nisus,* Merlin *Falco columbarius* und Wanderfalken *Falco peregrinus* beobachten. Im Herbst und Winter wird der Brutvogelbestand durch Waldschnepfen *Scolopax rusticola,* Bekassinen *Gallinago gallinago* und Misteldrosseln *Turdus viscivorus* bereichert.
Von Clifden aus fährt man auf der N 59 Richtung Westport und erreicht das Besucherzentrum in Letterfrack nach etwa 15 km. Es ist von Ostern bis Ende

September tagsüber geöffnet, während der Nationalpark selbstverständlich das ganze Jahr über zugänglich ist. Die schönste Aussicht über die wildromantische Landschaft erhält man vom Diamond Hill aus – den man nicht ohne Mühen zu Fuß besteigen muß. Das Gebiet ist ein Paradies für Wanderer, die gerne selber entdecken. Es gibt auch zwei Naturpfade und einige markierte Rundwege vom Informationsgebäude aus. Als Autofahrer kann man auf der N 59 am Rande des Nationalparks entlangfahren und ab und zu eine der Pisten zu einem Abstecher nutzen.
Einige der schönsten ungezähmten Landschaften Irlands befinden sich nördlich des Connemara-Nationalpark: das Gebiet zwischen Twelve Bens und Maamturk Mountains hin bis zu Irlands tiefstem Meereseinschnitt, dem fjordähnlichen Killary Harbour. Wer die lange Wanderung um den Mweelrea wagt, wird mit atemberaubenden Ausblicken auf den Atlantik belohnt und trifft am Ende auf einen wunderbaren Sandstrand, den Silver Strand. Mit dem Auto fährt man durch das tiefe Delphi-Tal über Louisburgh, Killadoon hinunter zu dem Traumstrand. Und wer das unberührte Bergland der Partry Mountains überquert, am Lough Nafooey vorbei, zwischen Lough Corrib und Lough Mask hindurch, kommt in die liebliche Seenlandschaft des Westens.
Auskünfte erteilt das Visitor Centre of Connemara National Park, Letterfrack, Co. Galway (Tel. Letter-

frack 23, handvermittelt) oder der National Parks and Monuments Service, 51 St. Stepheńs Green, Dublin 2 (Tel. 01-613111).

Glenveagh-Nationalpark, Grafschaft Donegal

Der rund 10 000 ha große, erst 1986 eröffnete Nationalpark liegt in einer der urtümlichsten Landschaften Irlands und wird in der Mitte von einem langgestreckten Gletschertal unterteilt, das von Südwesten nach Nordosten verläuft, bis hin zu einem größeren, länglichen See, dem Lough Veagh – ein unvergleichliches Erlebnis für Wanderer und Naturfreunde. Allerdings lassen sich die meisten Gegenden nur von geübten und erfahrenen Bergwanderern erschließen (in jedem Fall wird geraten, im Besucherzentrum geplante Route und Ankunftszeit zu hinterlassen). Erste Wanderwege und Naturlehrpfade sind eingerichtet, doch sind die Arbeiten in diesem Bereich noch nicht abgeschlossen.
Am Nordost-Ende des Lough Veagh ist im Besucherzentrum eine Ausstellung zur Natur- und Kulturgeschichte der Gegend zu besichtigen. Von hier aus erreicht man mit einem Kleinbus das 3 km entfernt liegende Glenveagh Castle, ein Schloß aus dem 19. Jahrhundert, das am Südostufer des Sees liegt. Es ist zur Besichtigung freigegeben, eine Teestube und eine geschichtliche Ausstellung können ebenfalls besucht werden. Der letzte Eigentümer, ein Irisch-Amerikaner,

dessen Großvater aus dem nahegelegenen Carrigart stammte, hat die Ländereien dem Staat verkauft und das Schloß und die Gärten ringsum der irischen Nation durch Schenkung übereignet. Die Gärten mit ihrem üppigen Wuchs an meist exotischen Pflanzen bilden einen starken Kontrast zur rauhen Bergwelt der Umgebung.

Die Hänge der Hochtäler sind mit einem grünlichbraunen Teppich überzogen, der sich aus Gräsern, Torfmoos und Heidekräutern zusammensetzt. Im Sommer

Glenveagh-Nationalpark in Donegal

kommen Sprenkel gelber Blüten hinzu: Blutwurz *Potentilla erecta* und Moorlilie (Beinbrech) *Narthecium ossifragum.* Es gibt nur drei kleinere Gebiete, die man als Wald bezeichnen kann – Eichen- und Birkengehölze –, doch versucht man, durch Aufforstungen, die vor Wild geschützt werden, die Situation zu verbessern. Im Wald kann man das üppige Wachstum von Moosen und Hautfarnen *Hymenophyllum* nur bewundern.

Unter den Vögeln gibt es hier noch den Kolkraben *Corvus corax* und Moorschneehühner *Lagopus scoticus* – wie sie wirklich in diese Bergwelt gehören. Gelegentlich kann man Wanderfalken *Falco peregrinus* und Merlin *F. columbarius* beobachten. Zu den häufigsten und ganz typischen Arten gehören Wiesenpieper *Anthus pratensis* mit ihrem ständig vorgeführten Singflug und Schwarzkehlchen *Saxicola torquata,* die manchmal auch im Flug singen.

Schon seit längerem gibt es einen Rotwildbestand *Cervus elaphus,* es ist der größte in Irland, und das Gebiet wird bereits seit dem 19. Jahrhundert durch einen fast 50 km langen Zaun befriedet.

Der See (Lough Veagh) hat einen guten natürlichen Bestand an Seeforellen *Salmo trutta lacustris,* in geringerer Zahl sind auch Meerforellen *Salmo trutta trutta* und Lachse *Salmo salar* zu finden; geangelt werden darf nur vom Boot aus.

Um zunächst zu dem Besucherzentrum zu gelangen, fährt man von Letterkenny aus entweder auf der N 56

über Kilmacreen hinaus und biegt dann nach links auf die Straße Richtung Gweedore ein (L 77) oder über Churchhill. Autos sind im Nationalpark nicht zugelassen, die rund 3 km bis zum Schloß kann man am Seeufer entlangwandern oder mit einem Kleinbus fahren. Während der Fahrt gewinnt man bereits einen schönen Eindruck von der Landschaft. Im Juli und August finden an bestimmten Wochentagen unter sachkundiger Leitung Wanderungen statt („nature walks") oder auch Führungen durch den Schloßgarten. Für Gruppen können besondere Führungen vereinbart werden, am besten wochentags. Sie dauern etwa drei Stunden.
Angler können am Besucherzentrum ein Boot mieten. Dies ist eine Bedingung für die Erlaubnis zum Angeln auf dem Lough Veagh. In der Hauptsaison ist es ratsam, ein Boot rechtzeitig zu reservieren.
Gute Aussichtspunkte erreicht man mit dem Auto, wenn man von Churchhill entweder nach Gweedore (L 82) oder in Richtung Doochary fährt.
Auskünfte erteilt: Glenveagh National Park, Churchhill, Co. Donegal (Tel. Churchhill 88, handvermittelt).

Avondale Forest Park, Grafschaft Wicklow

Hauptattraktion in diesem etwa 200 ha großen Wald am Westufer des Avonmore-Flusses ist für Iren das alte Herrschaftshaus, die Heimat des Nationalhelden Char-

les Stewart Parnell (1846 bis 1891). Man kann „Avondale House“, das 1777 erbaut wurde, besichtigen; zum Teil sind noch Räume so belassen, wie sie Parnell bewohnt hat. Andere Räume werden als Forstschule genutzt: Avondale gilt als „Wiege der modernen irischen Forstwirtschaft“, denn inzwischen wird vieles im ganzen Land praktiziert, was hier zum ersten Mal erprobt wurde.
Es gibt zwei Naturlehrpfade in dem Forstpark. Besonders beeindruckend sind die alten Exemplare der unterschiedlichsten Baumformen und das schöne Flußtal.
Der Park liegt etwa 1,5 km südlich von Rathdrum an der R 752 (T 7) Richtung Arklow linker Hand. Er ist das ganze Jahr über geöffnet; das Haus ist im Sommerhalbjahr (Mai bis September) von 14 bis 18 Uhr ohne weitere Gebühr zugänglich. Anfragen bei der Parkverwaltung sind unter Tel. (0404) 6111 möglich.

John F. Kennedy Park, Grafschaft Wexford

Der Forstpark wurde 1968 im Gedenken an den amerikanischen Präsidenten irischer Abstammung angelegt, gefördert von Iren und Irisch-Amerikanern. Er soll der Erholung, Lehre und Forschung dienen und umfaßt etwa 250 ha an den unteren Hängen des Slieve Coilte, oberhalb von Dunganstown, dem Herkunftsort der Kennedy-Vorfahren. Insgesamt wurden rund 4 000 ver-

schiedene Pflanzen- und Baumarten und -sorten gepflanzt, es sollen letztlich 6 000 sein, die in dem günstigen Klima gut gedeihen. Das Arboretum umfaßt außer den Bäumen auch eine große Vielfalt an Sträuchern. Es gibt Picknickplätze und ein Besucherzentrum mit einem Café. Ein Autoweg führt zu einem Aussichtspunkt auf Slieve Coilte, von wo man den ganzen Park überblicken und an klaren Tagen bis zu den Saltee Islands sowie verschiedenen Flußmündungen und den Comeragh-Bergen sehen kann.
Man erreicht den Park auf der R 733 (L 159) von New Ross aus Richtung Hook Head etwa nach 13 km.
Telefonisch ist die Parkverwaltung unter (051) 88171 oder 88195 zu erreichen.

Fota Estate, Grafschaft Cork

Die Fota-Insel wurde von der Universität Cork gestaltet, die das Gutsgelände in den frühen 70er Jahren gekauft hat. Die Teile, die nicht ausschließlich für Forschungszwecke genutzt werden, sind der Öffentlichkeit zugänglich. Der Park ist vor allem durch sein Arboretum berühmt, eine der schönsten Sammlungen von Bäumen und Sträuchern. Auch einen – bisher in Irland einmaligen – „Bienengarten“ gibt es hier.
Im Fota House kann man Landschaftsgemälde und Möbel des 18. und 19. Jahrhunderts besichtigen.

Die Insel liegt etwa 14 km von Cork entfernt an der Straße nach Cobh. Der Wildpark und Fota House sind von Ostern bis September täglich, danach nur am Wochenende geöffnet. Das Arboretum ist von April bis Oktober bei freiem Eintritt täglich (ab 10 Uhr, sonntags ab 11 Uhr) geöffnet.

Portumna Forest Park, Grafschaft Galway

Der Naturpark, der im Süden vom Lough Derg begrenzt ist, schließt mit seinen 568 ha ein Wildschutzgebiet ein, in dem viele Arten von Vögeln und Säugetieren, auch eine Damwildherde, leben. Dem Besucher stehen schöne Waldwege, ein Naturlehrpfad, Verstecke zur Vogelbeobachtung und gute Bootsliegeplätze zur Verfügung. Bootsfahrer können vom Shannon-Fluß kommend, den Lough Derg durchfahren und hier anlegen.
Der Park ist in der Nähe des Ortes Portumna am Nordufer des Sees leicht zu erreichen und ganzjährig geöffnet.

Currahchase Forest Park, Grafschaft Limerick

Den rund 230 ha großen Forstpark gibt es seit 1982; hier lebte einst in einem Haus, das nur noch als Ruine

existiert, zurückgezogen der Dichter Aubrey Thomas de Vere (1814 bis 1902). Die meisten der exotischen Bäume wurden, wie auch sonst oft in Irland, im 19. Jahrhundert gepflanzt. Die schönsten Baumgestalten bilden heute vor allem Eschen, Rotbuchen und Platanen, zum Teil auch Ulmen und Hainbuchen. Es gibt Natur- und Baumlehrpfade, ein Wohnwagen- und ein Campingplatz.
Um zu dem Park zu gelangen, fährt man von der Stadt Limerick aus auf der N 69 (T 68) rund 20 km westwärts Richtung Askeaton und biegt dann nach Süden ab. Der Park ist das ganze Jahr geöffnet.

Lough Key Forest Park, Grafschaft Roscommon

Am Lough Key, nahe Boyle, befindet sich der 340 ha große Park mit Camping- und Wohnwagenplatz und Bootsverleih. Hier gibt es einen der wenigen Laubwälder mit hochwertigem Holz, große Teile des Parks dienen der Erholung und Belehrung. In der Umgebung befinden sich auch einige kulturelle Sehenswürdigkeiten – eine „Burg“ auf der MacDermot-Insel (ein skurriler Bau aus dem 19. Jahrhundert), Ringfesten, eine unterirdische Eiskammer (die einmal als Kühlkammer für Lebensmittel diente) und ein Tunnel, der früher von

den Hafenanlagen zum Herr-schaftshaus führte. Heute kann man diesen Tunnel als Zugang zum Aussichtsturm benutzen, dem Moylurg-Turm, der in neuerer Zeit auf einem Hügel errichtet wurde und eine gute Aussicht bietet.
Für den Naturliebhaber ist vor allem der Moor-Garten eine Attraktion, mit einer Vielzahl von Moosen, Kräutern und Büschen, die im Moor heimisch sind. Weiterhin gibt es ein Damwildgehege und einen Zypressenhain. Sehenswert ist auch der Waldpark, der auf Pflanzungen der Grundbesitzer von Rockingham im 18. Jahrhundert zurückgeht; die riesigen *Thuja plicata* und Buchenalleen sind beeindruckend. Eine Bootsfahrt zu einer der zahlreichen Inseln im See ist ein Vergnügen. Auf Orchard Island lebt eine Kolonie von Graureihern *Ardea cinerea.*
Der Park ist das ganze Jahr geöffnet. Man erreicht ihn 3 km östlich von Boyle auf der N 4 (T 3) Richtung Carrick-on-Shannon.

Ards Forest Park, Grafschaft Donegal

Der Ards Forest Park ist der nördlichste und vielleicht auch der abwechslungsreichste „Waldpark“, er liegt an der Sheep-Haven-Bucht. Seine 481 ha umfassen eine große Vielfalt an Lebensräumen – Laub- und Nadelwälder, Marschland, Sanddünen und Meeresküste, Süß-

wasserseen und Felsgrund. Entsprechend reichhaltig sind Flora und Fauna, aber auch geologische, vorgeschichtliche und geschichtliche Zeugnisse machen diese Landschaft interessant. Der Naturlehrpfad weist ebenfalls auf geologische Besonderheiten hin.
Den Naturpark erreicht man rund 5 km nördlich von Creeslough abseits der N 56 (L 76) Richtung Dunfanaghy.
Nähere Informationen über die hier genannten und weitere Forest Parks sind gegen eine geringe Gebühr und Portoersatz vom Forest and Wildlife Service, Amenity Section, Leeson Lane, Dublin 2, erhältlich (Telefon 01-600444).
Bei einigen der größeren Forstparks wird, ähnlich wie bei den Nationalparks, eine Eintrittsgebühr (oft nur je Personenwagen) verlangt. Auskünfte über Öffnungszeiten, besonders außerhalb der Hauptreisemonate, erteilen die Tourist Offices in allen größeren Städten.

Irische Gärten

Der Reiz dieser alten Park- und Gartenanlagen liegt in der typisch irischen Nonchalance, mit der sie sich präsentieren: Es gibt nicht die prachtvollen formalen Schloßparks wie in Frankreich und Italien oder die großartigen landschaftsgestaltenden englischen Parks – in Irland hat die Natur schon immer ein stärkeres „Mitspracherecht" gehabt und schon bald viele der einst sorgfältig geplanten und gestalteten Gärten zurückgewonnen. Viele anglo-irische Schloßherren des 19. Jahrhunderts bevorzugten das Konzept der „Wild Gardens", wie in Mount Usher oder Annes Grove zu sehen. Hinzu kam, daß sie exotische Pflanzen und Bäume wie Kunstschätze sammelten und oft von ihren Reisen aus fernen Ländern mitbrachten. So sieht man gelegentlich im Winter, im milden ozeanischen Klima Irlands, in diesen Parks, Gärten und Anlagen auch Kamelien und Mimosen blühen.

National Botanic Gardens, Glasnevin, Dublin

Der Botanische Garten wurde 1795 gegründet. Rund 20 000 Pflanzenarten werden im Freien und unter Glas kultiviert, auf insgesamt über 20 ha. Bemerkenswert ist die schöne Gewächshausarchitektur, teilweise Mitte des vorigen Jahrhunderts von R. Turner erbaut, der auch das Palmenhaus in Kew Gardens, London, entwarf.
Der Garten liegt in einem nördlichen Vorort von Dublin und ist ganzjährig bei freiem Eintritt geöffnet: von 9–18 Uhr im Sommer, 10–16.30 Uhr im Winter; sonntags 11–18 bzw. 11–16.30 Uhr. Anfragen sind telefonisch unter (01) 37 43 88 möglich.

Howth Castle Gardens, Howth, Grafschaft Dublin

Der weltberühmte Rhododendron-Garten am Howth-Schloß wurde 1875 auf einem Hang angelegt, er umfaßt mit seinen 12 ha über zweitausend Sorten. Im Mai und Anfang Juni zeigt er sich in seiner größten Pracht, und als Dublin-Besucher sollte man ihn dann nicht versäumen.
Er liegt etwa 12 km nordöstlich der Stadt Dublin und ist ganzjährig von 8 Uhr bis zum Sonnenuntergang zugänglich, gegen eine geringe Gebühr. Telefonische Auskünfte erhält man unter (01) 32 26 24.

Kilruddery House, Bray, Grafschaft Wicklow

Garten und Park sind in Irland die einzige Anlage aus dem 17. Jahrhundert in ursprünglicher Form. Besonders reizvoll für den biologisch Interessierten ist die Gehölzsammlung.
Kilruddery House liegt am Fuß des Little-Sugar-Loaf-Gebirges etwa 2,5 km vom Stadtzentrum Bray südwärts, abseits der Straße nach Greystones. Der Garten ist von Mai bis September täglich von 10 bis 16 Uhr geöffnet, kann nach Voranmeldung unter (01) 86 34 05 aber auch mit dem Haus zusammen zu anderen Zeiten besichtigt werden (Eintrittsgebühr).

Powerscourt Estate und Gardens, Enniskerry, Grafschaft Wicklow

Powerscourt besticht durch seine herrschaftliche Lage mit Blick über fünf Terrassen und künstlich angelegten Teich hinüber zu dem Great-Sugar-Loaf-Gebirge. Die Gärten, im japanischen und italienischen Stil, sind formal gestaltet, mit seltenen Bäumen und Skulpturen. Das Schloß ist 1974 ausgebrannt.
Der Park befindet sich am Stadtrand von Enniskerry etwa 20 km von Dublin. Die Gärten sind von Ostern bis Ende Oktober täglich von 10 bis 17.30 Uhr geöffnet (Eintrittsgebühr). Gartenzentrum, Topfpflanzen-Laden und Wasserfall sind das ganze Jahr über zugänglich. Telefonische Anfragen werden unter (01) 86 02 42 oder 86 35 57 entgegengenommen.

Mount Usher Gardens, Ashford, Grafschaft Wicklow

Der Privatgarten liegt an den Ufern des Vartry-Flusses. Die Bäume, Sträucher und Stauden stammen aus allen Teilen der Welt, es sind insgesamt über 4 000 Arten. Der Garten ist dadurch für Botaniker und andere Pflanzenliebhaber höchst interessant, aber er bezaubert auch durch seine Schönheit und Harmonie. Von einer geräumigen Teestube aus hat man einen herrlichen Blick auf den Garten und den wildromantischen Vartry-Fluß.

Eingangstor und Parkplatz in Ashford erreicht man auf der Hauptstraße von Dublin nach Wicklow (N 11), etwa 45 km von Dublin. Die Gärten sind von Ostern bis Ende September wochentags 10.30 bis 18 Uhr geöffnet (Eintrittsgebühr). Telefon: (04 04) 41 16.

Johnstown Castle Demesne, Murntown, Grafschaft Wexford

Das Castle, ein Schloß im neogotischen Stil, beherbergt heute ein Landwirtschaftsinstitut. Die ornamentalen Gärten aus dem 19. Jahrhundert sind besonders im Mai und Juni zur Rhododendron-, Azaleen- und Kamelienblüte attraktiv. Auf dem Gelände befindet sich auch ein interessantes Landwirtschaftsmuseum, das Informationen über die ländliche Kultur in Irland vermittelt.
Schloß und Gärten liegen etwa 5 km südlich der Stadt Wexford. Nach den Öffnungszeiten des Museums sollte man sich erkundigen (Tel. 0 53/4 28 88), die Gärten sind das ganze Jahr über, täglich von 9 bis 17.30 Uhr, bei freiem Eintritt geöffnet.

Japanese Gardens, National Stud. Tully, Grafschaft Kildare

Dieser japanische Garten gilt heute als der älteste und schönste seiner Art in Europa. Er ist so gestaltet, daß er

– nach japanischer Auffassung – das Leben des Menschen symbolisiert, und umfaßt einen „Garten der Ewigkeit“ im Karesansui-Stil (Sand- und Stein-Symbolismus). Gegründet von Lord Wavertree, wurde die Anlage 1906 bis 1910 von dem japanischen Künstler Tasa Eida entworfen und gestaltet. Sie liegt neben dem irischen Nationalgestüt.
Garten und Gestüt befinden sich etwa 2 km südlich von der Stadt Kildare. Sie sind von Ostern bis Ende September für Besucher von 10.30–17, sonntags 14–17.30 Uhr (Eintrittsgebühr) geöffnet. Auf Anfrage (Tel. 0 45/ 2 16 17) sind Führungen möglich.

Lismore Castle, Lismore, Grafschaft Waterford

Der Garten ist durch hohe Steinmauern geschützt, so können sich hier Kamelien, Magnolien und andere Sträucher prachtvoll entfalten. Bemerkenswert ist auch eine alte Eibenallee.
Schloß und Garten liegen in Lismore, etwa 72 km westlich Waterford und 56 km nordöstlich von Cork. Von Mai bis September ist die Anlage täglich außer samstags von 13.45 bis 16.45 Uhr für Besucher (gegen geringe Gebühr) geöffnet. Telefon: (0 58) 5 44 24.

Annes Grove Gardens, Castletownroche, Grafschaft Cork

Am Awbeg-Fluß, um ein Haus aus dem 18. Jahrhundert herum, wurde ein wildromantischer Garten mit ständig neuen Überraschungen angelegt. In den waldähnlich gestalteten Teilen beeindrucken die herrliche Rhododendren-Sammlung, die ungewöhnlich großen Hoherien, Magnolien und Eucryphien sowie viele andere seltene Bäume und Büsche. Gewundene Pfade führen zum Fluß, ein steiler Steingarten überragt dort einen Seerosenteich und eine Insel sowie die naturähnlich gestalteten Flußufer mit Astilben, Primeln und exotischen Blattpflanzen.
Der Garten befindet sich 1,5 km von Castletownroche entfernt, das an der Hauptstraße Fermoy–Mallow–Killarney (N 72) liegt. Er ist von Ostern bis September (Gebühr) geöffnet.

Bantry House, Bantry, Grafschaft Cork

Die etwas verwilderte, ehemals italienische Gartenanlage mit Terrassen und Statuen hat eine schöne Lage an der Bantry-Bucht. Das 1750 erbaute Haus, teils im Georgianischen Stil, ist ebenfalls sehenswert.
Haus und Garten liegen am Rand von Bantry, etwa 90 km von Cork entfernt. Man kann beides ganzjährig täglich von 9 bis 18 Uhr besichtigen (Eintrittsgebühr).

△ Die wildromantischen Anne's Grove Gardens
▽ Derreen Gardens bezaubert mit Neuseeländischem Baumfarn

Garinish Island (Illnacullin), Glengariff, Grafschaft Cork

Die öde Insel wurde um 1910 in ein üppiges Pflanzenparadies verwandelt, sorgfältig im italienischen Stil geplant, mit klassischen Pavillons und zahllosen außergewöhnlichen Pflanzenarten aller Kontinente. Das milde Klima fördert den Eindruck einer heiteren und tropenähnlichen Szenerie.
Die weithin berühmten Gärten sind mit privat betriebenen Booten von Glengariff aus zu erreichen. Man kann sie von März bis Oktober wochentags 10–17.30, sonntags 11–18 Uhr besichtigen; zu anderen Jahreszeiten nach Vereinbarung (Eintrittsgebühr). Telefon (0 27) 6 30 40 oder (01) 613111.

Derreen Gardens, Lauragh bei Kenmare, Grafschaft Kerry

Der Garten, der vor rund 100 Jahren begründet wurde, ist waldähnlich gestaltet, am Meer gelegen und bietet zauberhafte Bilder. Er enthält eine große Zahl schöner Rhododendren und Azaleen, vor allem aber einen ungewöhnlichen Hain aus Neuseeländischem Baumfarn *Dicksonia antarctica.*
Man erreicht den Garten am Ortsrand von Lauragh über die Straße von Kenmare nach Castletownbere. Er ist vom 1. April bis 30. September dienstags, donnerstags und sonntags 14 bis 18 Uhr geöffnet (Eintrittsge-

bühr). Auskünfte erhält man telefonisch unter Lauragh 3 (handvermittelt).

Birr Castle Demesne, Birr, Grafschaft Offaly

Die wunderschönen, etwa 4 ha großen Gärten liegen um einen See an den Ufern von zwei Flüssen; über den Wasserfällen des einen Flusses ragt die Burg aus dem 17. Jahrhundert empor. Über 1 000 Arten an Bäumen und Büschen in prächtigen Exemplaren enthalten die Gärten heute. Bemerkenswert sind die Magnolien, Kirschen- und Apfelbäume im Frühjahr und die herrlichen Farben der Ahorne, Kastanien und Hängebirken im Herbst; außerdem in den formalen Teilen die Hainbuchenalleen und die Buchsbaumhecken, die als größte der Welt im Guinness-Buch der Rekorde verzeichnet sind.
Im Park stand einst ein rund 180 cm langes Teleskop aus dem Jahre 1845, das lange als größtes der Welt galt; eine Ausstellung erinnert an die früheren astronomischen Forschungen an diesem Ort.
Das Gelände läßt sich vom Ortszentrum aus in wenigen Minuten zu Fuß erreichen. Es ist im ganzen Jahr von 9–13 und 14–18 Uhr geöffnet (Eintrittsgebühr). Merkblätter mit Informationen zu bestimmten Rundwegen sind in Deutsch erhältlich. Telefon (05 09) 2 00 56.

Vogelschutzgebiete

Bedeutende Vogelvorkommen und gute Beobachtungspunkte

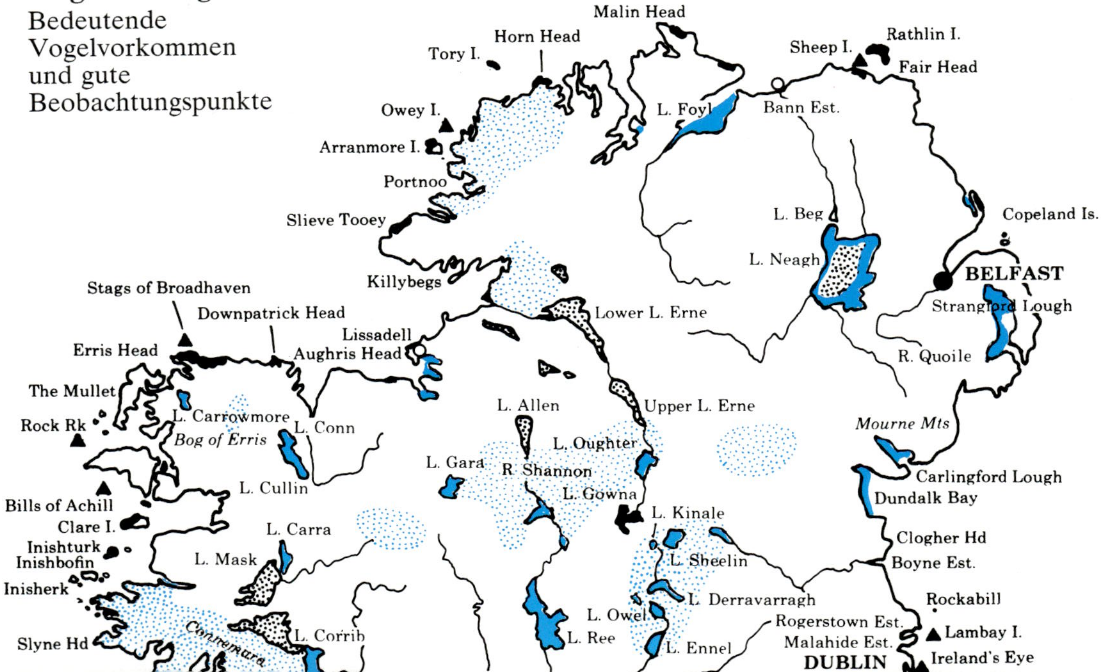

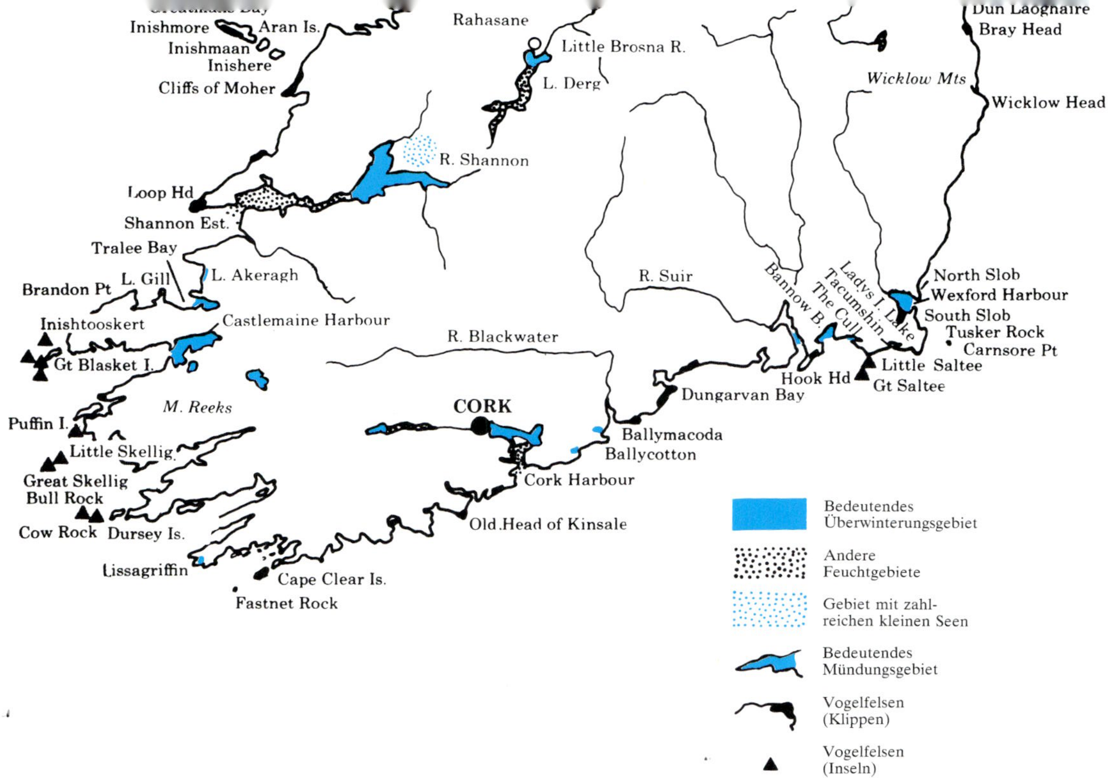
Rahasane
Inishmore
Aran Is.
Inishmaan
Inishere
Cliffs of Moher
Little Brosna R.
L. Derg
Dun Laoghaire
Bray Head
Wicklow Mts
Wicklow Head
R. Shannon
Loop Hd
Shannon Est.
Tralee Bay
L. Gill
L. Akeragh
Brandon Pt
Inishtooskert
Castlemaine Harbour
Gt Blasket I.
M. Reeks
Puffin I.
Little Skellig
Great Skellig
Bull Rock
Cow Rock
Dursey Is.
Lissagriffin
Cape Clear Is.
Fastnet Rock
R. Blackwater
CORK
Cork Harbour
Old Head of Kinsale
Ballymacoda
Ballycotton
Dungarvan Bay
R. Suir
Bannow B.
The Cull
Tacumshin
Ladys I. Lake
Hook Hd
North Slob
Wexford Harbour
South Slob
Tusker Rock
Carnsore Pt
Little Saltee
Gt Saltee
Bedeutendes Überwinterungsgebiet
Andere Feuchtgebiete
Gebiet mit zahlreichen kleinen Seen
Bedeutendes Mündungsgebiet
Vogelfelsen (Klippen)
Vogelfelsen (Inseln)

Vogelschutzgebiete

Alle wildlebenden Vögel sind in Irland unter dem „Wildlife Act" von 1976 geschützt, ausgenommen: Rabenkrähe, Nebelkrähe, Saatkrähe, Dohle, Eichelhäher, Elster, Star, Haussperling, Taube, Mantelmöwe, Heringsmöwe, Silbermöwe, die mit „Rechtfertigungsnachweis" geschossen werden dürfen. In der kurzbemessenen Jagdsaison sind nur noch wenige Arten freigegeben.
In Irland gibt es über 60 Vogelschutzgebiete. Für Ornithologen wie interessierte Vogelfreunde bieten sich in allen Landesteilen gute Gelegenheiten, Vögel zu beobachten. Einige der interessanten Plätze in Irland sind hier aufgeführt. Der Tierfreund sollte jedoch nicht ausführliche Beschilderung oder organisierte Führungen erwarten. Besondere Auskünfte erhält man von: IWC, Irish Wildbird Conservancy, Church Road, Greystones, County Wicklow, Rep. Irland. In Nordirland: RSPB, Royal Society for the Protection of Birds, Balvior Park Forest, Belfast 8, Nordirland.

Bull Island, Grafschaft Dublin

Diese Insel in der Dublin-Bucht, die fast nur aus Sanddünen und Marsch besteht, beherbergt die vielleicht dichteste Wasservogel-Kolonie in Irland.

Bull Island ist auch das Feuchtgebiet, in dem am meisten Forschung betrieben wurde und das damit am besten dokumentiert ist.
Ringelgans *Branta bernicla,* Spießente *Anas acuta,* Kiebitzregenpfeifer *Pluvialis squatarola,* Säbelschnäbler *Recurvirostra avosetta,* Knutt *Calidris canutus,* Pfuhlschnepfe *Limosa lapponica* überwintern hier regelmäßig.
Ein Damm verbindet das Gebiet mit der Küstenstraße Dublin–Howth.

Wicklow Mountains

Die Wicklow-Berge mit ihren Koniferen- und alten Eichenwäldern, Mooren, Seen und der Talsperre Poulaphouca beherbergt die in Irland wegen der geringen Bewaldung seltene Kornweihe (Hen Harrier) *Circus cyaneus* sowie nordische Ringdrosseln *Turdus torquatus* und Moorschneehühner *Lagopus lagopus scoticus.* Graugänse *Anser anser* überwintern am Poulaphouca-Kraftwerk.
Die Wicklow-Berge – in jedem Fall ein schönes Landschaftserlebnis – erreicht man auf verschiedenen Wegen. Der Wicklow Way (einer der wenigen markierten Bergwanderwege, zugleich der erste Fernwanderweg, mehr als 70 km lang) beginnt am Marley Park, den

man sogar mit öffentlichen Verkehrsmitteln von Dublin aus erreichen kann (rund 3 km südlich von Rathfarnham, Abzweig von der R 116 bzw. L 201). Ein Tip für unerfahrene Bergwanderer ist eine Wanderung im Djouce, einem der östlichen Wicklow-Berge, vom Parkplatz von Long Hill ausgehend, den man von Dublin aus entweder über Enniskerry oder über Killmacanogue erreicht.

Wexford Harbour, Grafschaft Wexford

Im Mündungsgebiet des Slaney, geschützt durch eine lange Landzunge, liegen der Nord- und der Südmorast. Ein Teil des nördlichen Gebietes ist ein IWC-Reservat, mit Einrichtungen für Besucher.
International bekannt ist das Reservat vor allem wegen der außerordentlich großen Zahl von Grönland-Bläßgänsen *Anser albifrons flavirostris;* über die Hälfte der Gesamtpopulation von 13 000 findet sich hier im Winter ein. Weiterhin erwähnenswert sind die Winter-Ansammlungen von Spießenten *Anas acuta* (900), Zwergschwänen *Cygnus bewickii* (700), Uferschnepfen *Limosa limosa* (1 200) und anderen Watvögeln.
Der Eingang zum Reservat befindet sich an der Ardcavan Lane nördlich der Stadt Wexford; man fährt zunächst auf der L 29 Wexford–Castlebridge–Gorey, der Abzweig ist gut ausgeschildert.

△ Die Dreizehenmöve ruft ihren englichen Namen: „Kittiwake“
▽ Der Tordalk: ein Bewohner der Vogelfelsen

Lady's Island Lake, Grafschaft Wexford

Das Gebiet besteht aus einer Lagune hinter Kiesbank und Dünen mit wechselndem Marschland und einer durch Landbrücke verbundenen 1 km langen Insel. Jedes Jahr bildet sich hier eine Winterkolonie von Enten, Schwänen und Watvögeln, Möwen und Seeschwalben.

Tacumshin Lake, Grafschaft Wexford

Die tideabhängige Lagune bildete sich hinter Geröllstrand und Dünen und bietet je nach Flutstand wechselnde Marsch- und Wattflächen; das Westende ist am nahrungsreichsten und interessantesten; Schilfflächen am „White Hole".

Zur Winterkolonie zählen Ringelgänse *Branta bernicla* und Bergenten *Aythya marila.* Silbermöwen *Larus argentatus* brüten in großer Zahl. „White Hole" zieht Zwergschwäne *Cygnus bewickii* und Kampfläufer *Philomachus pugnax* an.

Man erreicht das Gebiet über Nebenstraßen südlich von Tomhaggard, nachdem man von der L 29 abgebogen ist.

Saltee Islands, Grafschaft Wexford

Dieses private Vogelschutzgebiet umfaßt zwei unbewohnte Inseln, 86 und 40 ha groß, vor Kilmore Quay im

Meer. Hier gibt es die größte Seevogelkolonie im südöstlichen Irland. Insbesondere brüten hier in großer Zahl Baßtölpel *Sula bassana,* Kormoran *Phalacrocorax carbo,* Krähenscharbe *Phalacrocorax aristotelis,* Dreizehenmöwe *Rissa tridactyla* und Krabbentaucher *Plautus alle.* Bekannt ist das Gebiet auch für die großen Zahlen von Durchzüglern im Herbst und Frühjahr.

Tramore Bay, Grafschaft Waterford

Die großen Marsch- und Wattflächen hinter Sanddünen weisen die größte Konzentration an Wasservögeln in Waterford auf. Sie sind Überwinterungsgebiet vor allem für Ringelgänse *Branta bernicla* und Durchzugsgebiet für Kiebitzregenpfeifer *Pluvialis squatarola.*

Dungarven Bay, Grafschaft Waterford

Die Bucht ist breit und rund und wird von einer Sandzunge geteilt. Unter den Watvögeln, die hier vorkommen, sind vor allem Pfuhl- und Uferschnepfen *Limosa limosa* und *L. lapponica,* Kiebitzregenpfeifer *Pluvialis squatarola,* Austernfischer *Haematopus ostralegus* und Knutts *Calidris canutus* zu nennen.
Von Dungarvan aus führen verschiedene Wege an diesen Küstenbereich.

Ballymacoda, Grafschaft Cork

Im Mündungsgebiet des Womanagh-Flusses sind große Salzmarsch- und Wattflächen entstanden, umgeben von sumpfigen Feldern. Hier versammeln sich in großer Zahl vor allem Goldregenpfeifer *Pluvialis apricaria* (bis 13000), Kiebitze *Vanellus vanellus* (8000) und Uferschnepfen *Limosa limosa.*
Dieses Küstengebiet kann man von verschiedenen Nebenstraßen aus erreichen.

Old Head of Kinsale, Grafschaft Cork

Die zerklüftete Landzunge, mit Klippen und Nasen, 5 km lang, ist einer der besten Beobachtungspunkte für Meeresvögel auf dem Festland oder auch für den Frühjahrs- und Herbstzug der Singvögel. Zu den Brutvögeln hier zählen Trottellumme *Uria aalge,* Tordalk *Alca torda* und Dreizehenmöwe *Rissa tridactyla.*
Von der L 42 südwestlich Kinsale aus ist der Weg zum Schutzgebiet beschildert.

Cape Clear Island, Grafschaft Cork

Die 630 ha große, besiedelte Insel mit hohen Klippen und felsiger Küste ist fast baumlos, es gibt auf ihr einen

Binnensee und drei Moore. Das Schutzgebiet ist berühmt für die starken Ansammlungen von Seevögeln beim Herbstzug – besonders interessant: Großer Sturmtaucher *Puffinus gravis,* Dunkler Sturmtaucher *Puffinus griseus,* Raubmöwen *Stercocarius* spec. Größere Zugbewegungen von Singvögeln fehlen. Zu den Brutvögeln zählen Gryllteiste *Cepphus grylle* und Alpenkrähe *Pyrrhocorax pyrrhocorax,* neben kleineren Seevogelkolonien.
Die Insel liegt südwestlich von Baltimore.

Skellig Islands, Grafschaft Kerry

Die Gruppe besteht aus drei steilen Felseninseln etwa 12 km westlich der Bolus-Landzunge, südwestlich von Cahirciveen. Auf Skellig Michael oder Great Skellig, 18 ha groß, bis 215 m ü. d. M. hoch, gibt es außer dem Leuchtturm auch die berühmten Klosterreste aus frühchristlicher Zeit; hier brüten Schwarzschnabel-Sturmtaucher *Puffinus puffinus,* Sturmschwalbe *Hydrobates pelagicus* und Papageitaucher *Fratercula arctica.* Auf Little Skellig wurde ein IWC-Reservat eingerichtet, das nicht betreten werden darf – hier befindet sich die größte Baßtölpel-Kolonie *Sula bassana* Irlands, außerdem brüten hier Dreizehenmöwen *Rissa tridactyla* und Trottellummen *Uria aalge.*
Über das Schutzgebiet gibt es ein Merkblatt vom IWC.

Puffin Island, Grafschaft Kerry

Die unbewohnte Insel – lang, schmal, grasbewachsen – liegt an der St. Finan's Bay vor Portmagee. Das IWC-Reservat darf nur mit Genehmigung betreten werden. Der Name der Insel verrät, welche Art hier brütet: außer Schwarzschnabel-Sturmtaucher *Puffinus puffinus* und Sturmschwalben *Hydrobates pelagicus* etwa 7 000 „Puffin"-Paare – Papageitaucher *Fratercula arctica.* Der IWC hat ein Merkblatt über Puffin Island herausgegeben.

Blasket Islands, Grafschaft Kerry

Auch diese Inselgruppe (an der Dingle Bay, der nächste größere Ort ist Dingle oder An Daingean) ist durch ihre besonderen Bewohner bekannt: Schwarzschnabel-Sturmtaucher *Puffinus puffinus,* Sturmschwalben *Hydrobates pelagicus,* Tordalk *Alca torda* und Papageitaucher *Fratercula arctica.* Die größten Kolonien befinden sich auf Inishtearaght, Inishvickillane und Inishnabro. Auf Beginish gibt es die südlichste Nonnengans-Kolonie *(Branta leucopsis)* während der Überwinterung in Irland. Auf Inishvickillane hat Premierminister Charles Haughey ein Ferienhaus.

Castlemaine Harbour, Grafschaft Kerry

Das ausgedehnte Flußmündungsgebiet besteht aus sehr großen Salzmarsch- und Schlammflächen, Seegraswie-

sen und Sandbänken, es ist teilweise geschützt. Hier bilden sich große Kolonien von Ringelgänsen *Branta bernicla* (4000), Pfeifenten *Anas penelope* (7000), Spießenten *A. acuta* (2000), Löffelenten *A. clypeata* (900) und Trauerenten *Melanitta nigra* (mehrere hundert bei Inch).
Von der L 103 aus, die parallel zur Nordküste verläuft, kann man an mehreren Stellen gute Beobachtungspunkte erreichen.

Lough Gill, Grafschaft Kerry

Der flache See hinter Sanddünen an der Brandon-Bucht hat einen guten Riedbestand. Enten und Schwäne überwintern hier in großer Zahl (vor allem Krickenten *Anas crecca,* Schnatterenten *Anas strepera* und Löffelenten *Anas clypeata*); sie sind am besten von Brandon Point aus zu beobachten.

Tralee Bay, Grafschaft Kerry

Diese Bucht bietet den Vögeln unterschiedliche Salzsumpf- und Schlammflächen und Seegraswiesen. Die interessantesten Stellen liegen hinter Derrymore Island und Bannow Harbour. Zahllose Watvögel und Wasservögel überwintern hier, besonders Pfeifenten *Anas penelope* (4 500) und Ringelgänse *Branta bernicla*

(3 200) sowie in der äußeren Bucht Trauerenten *Melanitta nigra* (mehrere hundert).
Die T 68 westlich von Tralee führt an der Südküste entlang; Bannow Harbour liegt am Nordrand der Bucht.

Shannon-Mündung, Grafschaften Clare, Limerick und Kerry

Die Schlammflächen bei Ebbe und eine Vielfalt weiterer Lebens- und Nahrungsräume in diesem weiträumigen Mündungsgebiet sind für Vögel höchst attraktiv. Es gibt zahlreiche gut zugängliche Beobachtungspunkte. Besonders interessant sind auf der Nordseite Poulnasherry Bay, Clonderlaw Bay und Fergus Estuary; am Südrand Aughinish Island, Tarbert Bay und Ballylongford Bay.
Watvögel und Wassergeflügel treten in sehr großer Gesamtzahl, wenn auch in dem großen Gebiet weit verstreut auf. Die günstigste Stelle ist Fergus Bay mit bis 16 000 Uferschnepfen *Limosa limosa* im Frühjahr und bis zu 33 000 Alpenstrandläufern *Calidris alpina* im Winter.
Die meisten Stellen sind von den Straßen um das Mündungsgebiet aus gut erreichbar; die besten Beobachtungszeiten liegen eine Stunde vor und nach dem Höhepunkt der Flut.

Shannon-Fluß

Der Shannon, mit 346 km der längste Fluß Irlands, ist nicht begradigt und hat zahlreiche zu Seen erweiterte Stellen; er endet mit einem ausgedehnten Mündungsgebiet in der Nähe von Limerick. Die Überschwemmungen zum Winter sorgen für reichliche Nahrungsplätze für viele Vögel. Die wichtigsten Stellen liegen zwischen Portumna und Lanesborough, mit den Nebenflüssen Suck und Brosna. Im Verlauf des Flusses gibt es eine ganze Reihe von Schutzgebieten.
Ein lohnender Beobachtungsplatz ist die Mündung des Little-Brosna-Flusses in den Shannon: bis 14 000 Pfeifenten *Anas penelope* im Frühjahr und 2 000 Uferschnepfen *Limosa limosa,* 2 000 Krickenten *Anas crecca* und 300 Bleßgänse *Anser albifrons* im Winter.
Oft ist es schwierig, gute Beobachtungsplätze zu erreichen, manchmal muß man längere Strecken zu Fuß gehen.

Ballyallia Lake, Grafschaft Clare

Trotz seiner geringen Größe (35 ha) führt der flache See auf kalkigem Untergrund zu hohen Wasservogel-Ansammlungen. Im Winter halten sich hier vor allem Schnatterenten *Anas strepera* (180), Löffelenten *Anas clypeata* (500) und Pfeifenten *Anas penelope* (3 000) auf. Haubentaucher *Podiceps cristatus* brüten hier.

Das Gebiet läßt sich von der T 11 aus etwa 3 km nördlich von Ennis erreichen.

Mutton Island, Cliffs of Moher, Grafschaft Clare

Die 74 ha große Insel liegt westlich vor Quilty. Im Winter bildet sich hier die drittgrößte Nonnengans-Kolonie *(Branta leucopsis)* in Irland. In der nördlich gelegenen Liscannor-Bucht überwintern Trauerenten *Melanitta nigra.*
Die Steilklippen von Moher beherbergen große Kolonien von Dreizehenmöwe *Rissa tridactyla,* Tordalk *Alca torda,* Trottellumme *Uria aalge* und Papageitaucher *Fratercula arctica.*
Von Liscannor aus ist der Weg ausgeschildert.

Rahasane Turlough, Grafschaft Galway

Dieser größte „Trockene See" Irlands (max. 3x1 km) liegt am Dunkellin-Fluß zwischen Craughwell und Clarinbridge. Die Zahl der Enten, Gänse und Schwäne schwankt entsprechend dem Wasserstand, gelegentlich treten Kiebitze *Vanellus vanellus* und Goldregenpfeifer *Pluvialis apricaria* sehr zahlreich auf.
Man erreicht den See etwa 1,5 km nördlich von Craughwell ein Stück abseits der T 21.

Lough Corrib, Grafschaft Galway

Der große, unregelmäßig geformte See ist 35 km lang und weist zahlreiche Inseln und eine große Sumpffläche am Südende auf.
Seine vogelkundliche Bedeutung liegt vor allem in der Ansammlung von bis zu 22 000 Tafelenten *Aythya ferina* und der großen Zahl von Bleßrallen *Fulica atra* (11 600) im Herbst. Außerdem gibt es einen großen Möwen-Brutbestand.
Von der T 40 oder der T 77 aus führen etliche Wege ans Ufer, doch ist die Beobachtung wegen der Größe des Sees schwierig.

Lough Carra, Grafschaft Mayo

Der flache See auf Kalksteingrund ist 1500 ha groß und von einem breiten Schilfgürtel umgeben. Die Mergelablagerungen geben dem See eine ungewöhnlich reizvolle Färbung, je nach Wetter und Licht von fahlem Schilfgrün bis zu einem tiefdunklen Türkis. Der See gilt als einer der bestgeschützten in Irland. Sein unregelmäßiges Ufer ist fast unbebaut, am Ostufer steht Cloonee House und an der Nordspitze die Ruine von Moore Hall. Der See ist ein Überwinterungsplatz von internationaler Bedeutung mit großen Ansammlungen von Stock- und Löffelenten *Anas platyrhynchos* und *A. cly-*

peata. Außerdem hat er gute Brutbestände an Stockenten, Sturmmöwen *Larus canus* und Lachmöwen *L. ridibundus.*
Die T 40 führt westlich am See vorbei.

Clare Island, Grafschaft Mayo

Die baumlose Insel im Meer vor der Clew Bay weist große Meeresvogelbestände auf, vor allem Tordalk *Alca torda,* Trottellumme *Uria aalge* und Dreizehenmöwe *Rissa tridactyla.* Außerdem brüten hier Wachtelkönig *Crex crex,* Grauammer *Emberiza calandra* und Alpenkrähe *Pyrrhocorax pyrrhocorax.*

Inishkea Islands, Grafschaft Mayo

Es handelt sich um zwei unbewohnte flache Inseln etwa 4 km in westlicher Richtung vor der Mullet-Halbinsel. Hier versammeln sich bis zu 2 900 Nonnengänse *Branta leucopsis,* das sind rund 60 % des irischen Winterbestandes. Außerdem brüten hier verschiedene Seevögel in kleineren Zahlen.

Sligo Bay, Grafschaft Sligo

Drei Flüsse münden in die Sligo-Bucht, dadurch bilden sich große Schlammflächen. Nahe Lissadell in der Drumcliff Bay finden sich große Scharen an Nonnen-

gänsen *Branta leucopsis;* am Cummeen-Strand: große Ansammlungen von Ringelgänsen *Branta bernicla* im frühen Winter.
Auf Inishmurray, rund 9 km nördlich der Bucht, befindet sich der südlichste Brutplatz von Eiderenten *Somateria mollissima,* auch überwintern hier Nonnengänse *Branta leucopsis.*
Die Bucht erreicht man auf verschiedenen Wegen von Sligo aus.

Lough Gara, Grafschaft Sligo

Es handelt sich ursprünglich um zwei Seen, die heute durch einen schmalen Kanal verbunden sind. Die Umgebung ist ein archäologisch bedeutsames Gebiet. Im Winter sammeln sich große Scharen von Enten und Gänsen an, so der größte Bestand an Bläßgänsen *Anser albifrons* außerhalb Wexford. Brutvögel sind hier vor allem Möwen, besonders die Heringsmöwe *Larus fuscus.*

Horn Head, Grafschaft Donegal

Die vielleicht schönste Landzunge Irlands mit bis 200 m hohen Steilklippen bietet die größte Tordalk-Kolonie *(Alca torda)* des Landes, außerdem Trottellummen *Uria aalge* und Papageitaucher *Fratercula arctica.*
Man erreicht die Klippen von der T 72 aus etwa 6,5 km nordwestlich von Dunfanaghy.

Lough Erne, Grafschaft Fermanagh

Der Lower und der Upper Lough Erne bilden eine lange Seenkette mit unregelmäßigen Ufern und einem Irrgarten von bewachsenen Inseln. Bei Castle Caldwell befindet sich ein RSPB-Reservat.
Lough Erne ist das wichtigste Brutgebiet in Irland für Trauerenten *Melanitta nigra,* außerdem brüten Möwen und Seeschwalben hier. Im Winter bilden sich Singschwan- und Haubentaucher-Ansammlungen, *Cygnus cygnus* und *Podiceps cristatus.*
Die Seenkette liegt nördlich und südlich von Enniskillen.

Lough Foyle, Grafschaften Donegal und Derry

Der breite, etwa dreieckige „See“ mit schmaler Verbindung zum Meer bietet den Vögeln ausgedehnte Schlammflächen. Die besten Stellen befinden sich zwischen Muff und der Einmündung des Roe-Flusses am südlichen und östlichen Rand. Mehrere Staats- und RSPB-Reservate wurden eingerichtet. Im Herbst konzentrieren sich hier große Zahlen von Pfeifenten *Anas penelope* und anderen Wasservögeln sowie Watvögeln. Man kann von der A 2 aus östlich von Londonderry anfahren.

Rathlin Island, Grafschaft Antrim

Die bewohnte, etwa 1 400 ha große Insel, mit hohen Klippen und mehreren Seen, liegt etwa 4 km vor der Antrim-Küste. Durch die Staats- und RSPB-Reservate werden große Meeresvogel-Bestände geschützt: Dreizehenmöwen *Rissa tridactyla,* Tordalk *Alca torda,* Trottellumme *Uria aalge* vor allem. Zu den Brutvögeln gehören Eiderenten *Somateria mollissima* und Alpenkrähe *Pyrrhocorax pyrrhocorax.*

Die Insel läßt sich von Ballycastle aus mit dem Boot erreichen. Die Nordküste der Grafschaft Antrim bietet viele Möglichkeiten, entlang beschilderter Wege, Vögel zu beobachten, vor allem bei Fairhead, Giants Causeway und Carick-a-rede.

Lough Neagh

Mit seinen über 250 qkm ist der Lough Neagh der größte Süßwassersee der Britischen Inseln. Er bietet den Vögeln eine große Vielfalt von Lebensräumen im Uferbereich und auf Inseln; zahlreiche Schutzgebiete wurden rings um den See eingerichtet. Der See ist ein Überwinterungsplatz von internationaler Bedeutung für sechs Entenarten – Krickente *Anas crecca,* Spießente *A. acuta,* Löffelente *A. clypeata,* Reiherente *Aythya fuligula,* Tafelente *Aythya ferina* und Schellente *Bucephala clangula* – und beide Wildschwanarten. Hauben-

taucher *Podiceps cristatus,* Höckerschwäne *Cygnus olor* und verschiedene Enten, rund 1 000 Reiherenten-Paare, brüten hier.
Eines der Schutzgebiete ist Oxford Island, eine Halbinsel im Südosten. Es wird vom Craigavon Borough Council verwaltet und besitzt vorbildliche Besucher-Einrichtungen: Beobachtungsverstecke, Naturlehrpfade, ein ausführliches Bildungsprogramm, Führungen für Gruppen und eine Bücherei. Auskünfte erteilt: Oxford Island Nature Reserve, Craigavon, Co. Armagh (Tel. Lurgan 2 22 05).

Copeland Islands, Grafschaft Down

Auf einer der drei flachen Inseln vor Belfast Lough, auf Lighthouse, befindet sich seit 1959 eine vogelkundliche Beobachtungsstation. Es gibt auf den Inseln eine kleine Kolonie von Schwarzschnabel-Sturmtauchern *Puffinus puffinus* und Möwen- und Seeschwalbenkolonien; auch brüten hier Eiderenten *Somateria mollissima.*
Von Bangor und Donaghadee aus werden Tagestouren angeboten.

Strangford Lough, Grafschaft Down

Der „Lough" ist ein nahezu abgeschnittener Meeresarm mit zahlreichen Inseln und Schlammflächen. Im Herbst treten bis zu 10 000 Ringelgänse *Branta bernicla* und

5 000 Pfeifenten *Anas penelope* auf, im Winter Singschwäne *Cygnus cygnus,* Knutts *Calidris canutus* und andere Watvögel. Außerdem bietet Strangford Lough Brutplätze für Möwen und Seeschwalben.
Die besten Stellen erreicht man im nördlichen Abschnitt von Newtownards nach Süden auf der A 22 Richtung Ardmillan und auf der A 20 Richtung Greyabbey.

Carlingford Lough, Grafschaften Down und Louth

Der fjord-ähnliche „See" liegt südöstlich von Newry, er bietet den Vögeln große Schlammflächen. Haubentaucher *Podiceps cristatus* und verschiedene Wasser- und Watvögel überwintern hier, insbesondere Bergenten *Aythya marila* und Eisenten *Clangula hyemalis;* außerdem gibt es Seeschwalben-Brutkolonien.
Auf beiden Seiten des Lough führen Straßen an der Küstenlinie entlang.

Probleme des Naturschutzes in Irland

Die Grüne Insel ist als das europäische Land bekannt, dessen Natur noch nicht zerstört ist, wo die Luft rein ist und das Wasser vieler Seen noch unbedenklich getrunken werden kann. Seine Flora wird von Naturfreunden und Botanikern geschätzt, hier gibt es Tierarten, die im übrigen Europa ausgestorben sind oder auf der Roten Liste stehen. Dies alles ist jedoch nicht so sehr ein Verdienst der Bewohner dieser schönen Insel, als vielmehr ein Mangel an Gelegenheit zur Zerstörung in der Vergangenheit – eine bedrückende Feststellung, die jedoch manchen scheinbaren Widerspruch erklärt: Die Müllsäcke inmitten der schönsten Landschaften; das Fabrikgebäude unmittelbar am romantischen See; Schweinemästereien, die Flüsse und Seen verschmutzen; Silagebrühe in den Bächen, die Laich und Fischleben töten; eine fast unbeschränkte Bautätigkeit, vor allem auf dem Land, wo immer mehr Einheitsbungalows und preiswerte Wellblech-Ställe das Landschaftsbild beeinträchtigen. Dennoch ist der Umfang der Umweltschäden in Irland, im Vergleich zum Kontinent, sehr gering. Der Grund dafür ist nicht etwa ein stärker ausgeprägtes Umweltschutzbewußtsein: Die Iren sind nach einer neueren Untersuchung von allen EG-Bürgern am wenigsten am Naturschutz interessiert. Die Chemie-Diskussion hat Irland nicht erreicht. Auf dem (noch kleinen) irischen Pestizid-Markt können Chemie-Unternehmen relativ uneingeschränkt verkaufen, was in Deutschland teilweise längst verboten ist. Umweltzerstörung geschieht in Irland eher durch Ignoranz, eine Entschuldigung, die in anderen europäischen Ländern schon lange nicht mehr akzeptiert wird. Auch gibt es auf der Insel keine Durchsetzung strenger Umweltschutz-Auflagen oder entsprechend empfindliche Strafen. Irische Regierungen fechten gar mit Entschiedenheit gegen EG-Richtlinien im Umweltschutz mit dem Argument, daß man keine Umweltbelastung habe. So erreichten irische EG-Delegationen Ausnahmeregelungen, und Irland durfte beispielsweise einen höheren Bleigehalt im Benzin beibehalten. Für das neue Kohlekraftwerk Moneypoint am Shannon verlangte Irland eine Ausnahmeregelung von den Beschränkungen des Schwefeldioxyd-Ausstoßes – weil die Luft hier noch sauber ist. Allerdings werden die EG-Limits für Luftqualität in Dublin bei Smog regelmäßig überschritten.

Die überwiegend von Westen wehenden Winde haben Irland bisher weitgehend von Umweltschäden durch sauren Regen verschont. Nun sind aber auch an der Ostküste der Insel Schäden erkennbar, deren Ursache vermutlich Emissionen aus englischen Industriezentren sind. Außerdem werden in die Irische See, dem Meeres-

kanal zwischen England und Irland, radioaktive Abwässer der englischen Atomaufbereitungsanlage Sellafield eingeleitet. In beiden Fällen kann Irland kaum mehr tun als protestieren.
Die irische Regierung versucht, möglichst „saubere“ Industrien anzuziehen, wie beispielsweise Computer-Hersteller, wirbt aber auch um Chemie-Unternehmen, um dringend notwendige Arbeitsplätze zu schaffen. Bisher war die Sorge jedoch unbegründet, daß die Industrieansiedelungsbehörde unter dem Druck der Arbeitslosigkeit auch solche Unternehmen einladen könnte, die in anderen Ländern wegen strikter Durchsetzung von Umweltschutzauflagen nicht mehr kostengünstig produzieren können.
Hinzu kommen zwei weitere Bereiche, die Naturschützern Sorgen bereiten: die Landwirtschaftspolitik und die Energiepolitik. Die nach europäischen Maßstäben seltenen Fälle von Gewässerverschmutzung werden zum größten Teil durch Landwirtschaftsbetriebe verursacht, Intensivhaltung von Schweinen und Hühnern bedeutet in Irland jeweils eine erhebliche Verschlechterung der Umweltqualität im Einzugsgebiet. Auch die Nutzung von bisher als wirtschaftlich weniger ergiebig angesehenem Land, beispielsweise der Küsten- und Bergregionen, durch EG-Politik gefördert, führt zur Erhöhung der Zahl der Weidetiere und damit zum Überweiden und zur Zerstörung der Flora. Die mit EG-Subventionen geförderten Dränage-Projekte auf feuchtem Land

Landschaft bei Ballynahinch, Grafschaft Galway

bringen einen Verlust von bisher ungestörtem Lebensraum vieler Tierarten mit sich. Die letzten großen Moore in Europa sind bedroht. Darüber hinaus: was geschieht mit den riesigen Landflächen vor allem in der Mitte der Insel, nachdem die BordnaMóna-Maschinen sie verlassen haben?

Die Richtung der irischen Landwirtschaft wird in hohem Maße durch die EG bestimmt. Solange Brüssel Subventionen ohne Rücksicht auf Naturschutz bewilligt, kann man von irischen Politikern nicht erwarten, daß sie sich als Naturschützer profilieren – ihre Wähler würden dies ohnehin nicht honorieren. Aber auch das europäische Interesse, aus Irland möglicherweise ein großes, weitgehend intaktes Natur-Reservat zu machen, kann nicht auf Kosten des Lebensstandards seiner Bewohner gehen.

Der Torfabbau ist für den verschuldeten irischen Staat ein wichtiger Teil seiner Energiepolitik. Es bleibt nur zu hoffen, daß wenigstens einige der wertvollen Moore geschützt werden und das Bewußtsein für den Reichtum des Landes, seine unzerstörte Natur, wächst. Jeder Gast der Grünen Insel kann selbst ein wenig dazu betragen, durch Lob und Kritik, die in besten Händen sind, wenn sie an die Irische Fremdenverkehrszentrale, Untermainanlage 7, 6000 Frankfurt 1, oder an das Irish Tourist Board, Baggot Street Bridge, Dublin, gerichtet werden.

Literaturverzeichnis

D. Bellamy: The Wild Boglands, Dublin 1986

E. de Buitlear: Wild Ireland, Dublin 1984.

G. D'Arcy: Guide to the Birds of Ireland, Dublin 1981.

J. S. Fairley: An Irish Beast Book, Belfast 1975.

An Foras Forbatha: Areas of Scientific Interest in Ireland, Dublin 1981.

An Foras Forbatha: A Review of Water Pollution in Ireland, Dublin 1983.

Giraldus Cambrensis: History and Topography of Ireland, Mountrath 1982.

Haughton, Gilmore: The Geography of Ireland, Dublin 1979.

N. Hickin: Irish Nature, Dublin 1980.

C. Hutchinson: Watching Birds in Ireland, Dublin 1986

D. W. Jeffrey: Nature Conservation in Ireland, Royal Irish Academy, Dublin 1984.

Kennedy, Ruttlege, Scroope: Birds of Ireland, Edinburgh 1954.

Kettler: Irland per Fahrrad, Verlag W. Kettler, Berlin 1986

W. Lüdi: Die Pflanzenwelt Irlands, Bern, Stuttgart 1952.

M. Möbius: Irland selbst entdecken, Regenbogen-Verlag Zürich, 1983

C. Moriarty: Natural History of Ireland, Cork o. D.

F. O'Gorman: The Irish Wildlife Book, Dublin 1979.

F. J. O'Rourke: The Fauna of Ireland, Cork 1970.

R. L. Praeger: The Way that I went, Dublin 1937/1980.

R. L. Praeger: Natural History of Ireland, London 1950.

P. K. Rohan: The Climate of Ireland, Dublin 1975.

R. F. Ruttlege: Irish Birds, London 1966.

Scannell, Synott: Census Catalogue of the Flora of Ireland, Dublin 1972.

M. P. Tieger: Irland. Die Grüne Insel, München 1984.

D. A. Webb: An Irish Flora, Dundalk 1977.

Register

Die Seitenzahlen mit * verweisen auf Farbfotos.

Ackerbau 32
Ailwee Höhle 43
Alpenfettkraut 62
Alpenkrähe 141, 148, 150
Alpensäuerling 40
Alpenstrandläufer 144
Alpenwiesenraute 41
Alse 101
Amsel 86
Amerik. Nerz 87
Anglo-Iren 15, 37, 46, 52, 132
Annes Groves Gardens 128, 129
Antrim 74, 150
Ards Forest 121
Arktisch-alpine Pflanzenarten 38, 40
Ashford 125
Askeaton 120
Atlantische Pflanzenarten 38
Atomkraftwerk 37
Aufrechtes Fingerkraut 61
Augentrost 41
Auginish Island 144
Austern 93
Austernfischer 138
Avondale House/Forest 116
Awbeg River 128

Bärentraube 38
Ballyallia Lake 145
Ballylongford Bay 144
Ballymacoda 140
Baltimore 141
Bangor 152
Bannow Harbour 143
Banshee 80
Bantry 128
Baßtölpel 74, 139, 141
Baummarder 87
Becherflechte 44
Beinbrech 61
Bekassine 111
Belfast 101
Belfast Lough 152
Ben Levi 21*
Berge 22, 31
Bergenten 138, 153
Berg-Flachmoore 57
Bergheide 57
Bergschafe 31
Bermudagras 40
Birken 46, 53
Birr Castle 131
Blacksod Bay 92
Blasket Inseln 75, 142
Bläßgans 72
Bleßrallen 146
Blutroter Storchenschnabel 39*
Blutwurz 115
Bord na Móna 37, 58, 156
Boyle 120

Brandon Bay 143
Brasse 97
Bray 124
Britannien 8
Britische Inseln 9
Brosna Rover 145
Bull Island 134
Burren 21*, 41, 87

Cap Clear Island 76,140
Carlingford Lough 153
Carragheen 64
Carrick-on-Shannon 120
Castle Caldwell 150
Castlemain Harbour 70, 142
Castletownbere 94
Castletownroche 128
Children of Lír 71
Christianisierung 12
Churchhill 116
Clare 23, 41, 87, 144, 145
Clare Island 148
Clew Bay 148
Clifden 111
Cliffs of Moher 9*, 62, 145
Clonderlaw Bay 144
Cobh 118
Commonage 31
Connaght 14
Connemara 64, 110
Copeland Island 152
Cork
8, 14, 36, 76, 118, 128, 140
Corofin 41
Cottage 27, 28*
Craigavon 152
Currahchase 119

Dachs 87
Dachskämpfe 88
Damwild 88, 119
Deckenmoore 57
Delphi-Tal 112
Delphin 92
Dingle 8, 75, 96, 142
Derreen Gardens 129
Derrymore Island 143
Dohle 78
Donaghadee 152
Donegal
25*, 79, 113, 121, 149
Dornhai 95, 99*
Down 152
Dränage 58, 156
Dreizehenmöwe 74, 137*,
139, 140, 141, 146, 148, 150
Drumcliff 148
Dublin 14, 36, 123, 124, 134
Dünen 63, 65
Dunfanaghy 149
Dunganstown 117
Dunkler Sturmtaucher 141
Dunmore East 94

Eberesche 48
Echte Bärentraube 41
Efeu 38
EG-Subventionen 58, 63, 156
Eiben 52, 107
Eichen 46, 53, 107
Eichhörnchen 83
Eiderenten 149, 151, 152
Eisenenten 153
Eisvogel 18, 68, 69*, 108
Eiszeit 10

Elektrizitätswerk 35*, 36
Elstern 79, 86
Endemische Pflanzenarten 41
Energiewirtschaft 36, 156
England 8
Enniskerry 125
Ennistymon 41
Enten 70
Enzian 37
Erdbeerbaum 40, 54, 107
Erosion 65*
Eschen 48
Europ. Flußaal 100
Europäische Gemeinschaft 10, 26, 33, 155

Fair Head 9
Farne 107
Feldhase 84
Feldlerche 111
Feld-Waldmaus 83
Fergus Estuary 144
Fermanagh 150
Fischadler 80
Fische 93
Fischereiwirtschaft 93, 94, 96*
Fischotter 89
Fischzucht 94
Flachmoore 56
Flechten 53, 107
Fledermäuse 84
Fliegenfischen 102
Flora 37
Florengebiete 38
Flußbarsch 97
Forellen 97
Forst 51*
Forstparks 104
Forstpolitik 48
Fota Island 118
Frauenhaarfarn 38, 40
Frühlingsenzian 43
Fuchs 86
Fuchsienhecke 47*
Fuchsjagd 86

Gälen 12, 52
Gänse 71
Gänsekresse 41
Galway 8, 94, 95, 110, 119, 146
Galway Forelle 100
Garnelen 93
Gem. Heidekraut 61
Gem. Kreuzblume 61
Gem. Seehund 91
Geologie 21
Geraldus Cambrensis 17
Gewöhnl. Fettkraut 62
Gewöhnl. Froschbiß 41
Giant's Causeway 13*, 22, 63
Gillaroo-Forelle 100
Glasnevin 123
Glendalough 53
Glengariff 130
Glenveagh 113, 114*
Glockenheide 40, 42*, 61
Goldadler 80
Goldregenpfeifer 72, 140, 146
Golfstrom 23
Gort 41

Gras 19
Grauammer 148
Graue Heide 40
Graugans 72, 135
Graureiher 67, 90, 108
Greifvögel 79
Greystones 124
Grönland Bläßgans 71, 108, 136, 149
Großblütiges Fettkraut 40, 107
Große Seespinne 95
Großer Sturmtaucher 75, 141
Gryllteiste 75, 141
Gweedore 116

Habichtskraut 41
Hai 96, 97
Haselnußstrauch 46, 48
Hasenglöckchen 50*
Haubentaucher 145, 150, 151, 153
Hausmaus 82
Hautfarne 107, 115
Hecht 97
Hecken 45
Hering 93
Heringskönig 95, 98*
Heringsmöwe 149
Hochmoore 56
Hochseeangeln 96*
Höckerschwan 71, 152
Holunder 46
Horn Head 149
Howth 94, 124
Hummer 93, 95
Hungersnot 16

Igel 84
Ilex 53
Illnacullin 130
Industrie 33
Inishbofin 65*
Inishkea Island 92, 148
Inishmurray 149
Inishvickillane 142
J. de Courcy Ireland 94
Irische Heide 40, 111
Irische Mehlbeere 41
Irische Maräne 101
Irische Weide 41
Irische Wolfsmilch 40
Irische Ampfer 41
Irischer Eichelhäher 67
Irischer Hase 84, 85*
Irischer Riesenhirsch 89
Irischer Steinbrech 44
Irisches Hermelin 81, 85*

Japanese Gardens 126
Japan. Sikahirsch 88, 108
Johnstown Castle 126

Kabeljau 93
Kaisergranat 95
Kampfläufer 138
Kanad. Johanniskraut 40
Kegelrobbe 91
Kelten 12, 18
Kenmare 130
J. F. Kennedy Park 117
Kerry 53, 75, 104, 130, 141, 142, 144
Kiebitz 140, 146
Kiebitzregenpfeifer 139
Kiefern 46

Kildare 126
Kilfenora 41
Kilruddery 124
Killarney 53, 89, 101, 104
Killary Harbour 112
Killybegs 94
Kinsale 37, 140
Kleine Waldmaus 82
Kleiner Sommerwurz 39*
Klima 23
Knabenkraut 42*
Knockreer 106
Knöllchenknöterich 40
Knutt 135, 139, 153
Kolkrabe 78, 115
Kontinentale
Pflanzenarten 41
Kornweihe 77*, 79, 135
Krabbe 93
Krabbentaucher 139
Krähenscharbe 139
Krickente 70, 143, 145, 151
Kuckuck 76
Kuckucksknabenkraut 44
Küsten 62
Küstenfischerei 93
Küstenheide 57

Lachmöwen 148
Lachs 94, 100, 115
Lachsforelle 100
Ladies View 109
Lady's Island Lake 138
Lahinch 41
Lambay Island 83
Land Commission 27, 52
Landdränage 58, 61
Landfrage 16
Landwirtschaft 26, 156
Lanesborough 145
Langusten 93, 95
Laubwald 49
Lauragh 130
Lebermoos 107
Letterfrack 110
Letterkenny 115
Liscannor 146
Lisdoonvarna 41
Lismore Castle 127
Lissadell 148
Little Brosna 70, 145
Little Skellig 141
Little Sugar Loaf 124
Löffelente 68, 143, 145, 147
Londonderry 150
Lough Carra 67, 97, 147
Lough Corrib 112, 147
Lough Derg 101, 119
Lough Erne 101, 150
Lough Foyle 150
Lough Gara 149
Lough Gill 143
Lough Key 120
Lough Leane 106
Lough Mask 112
Lough Nafooey 112
Lough Neagh 67, 101, 151
Lough Ree 101
Lough Veagh 113
Louisburgh 112
Louth 153

Maamturk Mountains 112
Mäusebussard 79

Makrele 93
Malin Head 19
Mayo 52, 147, 148
Mediterrane
Pflanzenarten 40
Meeräsche 93
Meeresküste 62
Meerforelle 100, 115
Mehlschwalbe 76
Merlin 79, 111, 125
Milchviehhaltung 32
Mink 87
Misteldrossel 111
Mittelmeer Heide 40
Mizen Head 19
Moneypoint 155
Moore, George 31
Moore 11, 54, 156
Moorfunde 12
Moorlilie 115
Moorschneehuhn
67, 115, 135
Moose 53, 107, 115
Mount Usher 125
Muckross 106
Muff 150
Mutton Island 146
Mweelrea Mountain 112

Nabelkraut 38
Nahrungsmittel-
produktion 33
Naßfliege 102
National
Botanic Gardens 123
National Gestüt 126
Nationalparks 104
Naturgasfunde 37
Naturschutz 154
Nebelkrähe 76
Neuseel. Baumfarn 129*, 130
Newry 153
Niedermoore 57
Niederschlag 24
Nonnengans
18, 142, 146, 148
Nordamerik.
Pflanzenarten 40
Nordirland 17, 19
Normannen 14
Norwegisches Sandkraut 40
Nymphe 102

Ölfunde 37
Offaly 131
Old Head of Kinsale 140
Orchideen 37, 38
Osterrebellion 17
Oxford Island 67, 152

Papageitaucher 75, 77*,
141, 142, 146, 149
Pestizide 155
Pfahlmuscheln 64
Pfeifenten
70, 143, 145, 150, 153
Pflanzenwelt 37
Pfuhlschnepfe 73, 135, 139
Pollynagollum 43
Portmagee 142
Porzellanblümchen 40
Portumna 119, 145
Poulnasherry Bay 144
Powerscourt 125
Puffin Island 142

Rabenvögel 76
Rahasane Turlough 146
Rathlin Island 74, 79, 151
Ratte 83
Raubmöwe 141
Rauchschwalbe 76
Rauhhaaariger
Steinbrech 107
Reiherente 151
Rhododendron 47*, 124
Riesenhai 95
Rinder 29*, 32
Ringelgans 135, 138, 139,
143, 149, 152
Robben 90
Rochen 93, 95, 99*
Roe River 150
Rötelmaus 83
Rohrweihe 79
Roscommon 120
Rosmarienheide 61
Rossaveel 94
Rotdrosseln 108
Roter Fingerhut 40
Roter Steinbrech 40
Rotfeder 97
Rotforelle 101
Rotfuchs 86
Rotschenkel 73
Rotwild 88, 108, 115
Rundblättriger Sonnentau 62

Saatkrähe 76
Säbelschnäbler 135
Säugetiere 81
Saltee Islands 117, 138
Salzaster 66
Sanderling 73
Saurer Regen 155
Schafe 29*
Schellente 151
Schellfisch 93
Schlangen 19
Schlehe 46
Schlei 97
Schleiereule 80
Schmalblättriges Wollgras 61
Schnabelried 111
Schnatterenten 143, 145
Schneide 111
Scholle 93
Schwäne 71
Schwalben 76
Schwarzkehlchen 111, 115
Schwarzschnabel-Sturm-
taucher 75, 141, 142, 152
Sea Shepherds 91
Seebarsch 93
Seeforelle 100, 115
Seehunde 92
Seesaibling 100
Seetang 64
Seeteufel 95, 98*
Seezunge 93
Segge 62
Sellafield 156
Shannon 22, 70, 119, 145
Sheep Haven Bucht 121
Silbermöwen 138
Silberwurz 39*, 40, 44
Singschwäne 71, 150, 153
Skellig Islands 73, 141
Slaney River 135
Slieve Coilte 117

Slieve Elva 43
Sligo 148, 149
Sonnentau 62, 111
Speiserotalge 64
Sperber 79, 111
Spießente 135, 136, 143, 151
Sprotte 93
St. Brendan 8
St. Dabeocs Heidekraut 40
St. Patrick 12, 19
Staatsforst 48
Stechginster 38, 48
Stechpalme 38, 48
Steinadler 80
Steinbrech 41
Stein-Seeigel 95
Steinschmätzer 111
Stengelloses Leimkraut 40
Stieleiche 53
Stockente 147
Stranddistel 66
Strandflieder 66
Strandmelde 66
Strandroggen 66
Strangford Lough 152
Sturmmöwe 148
Sturmschwalbe 75, 141, 142
Suck River 145
Sumpfherzblatt 61
Sumpf- und Marschland 57
Sumpfohreule 80

Tacumshin Lake 138
Tafelenten 70, 147, 151
Tannenmeise 67
Tarbert Bay 144
Taschenkrebse 95
Thymian 62
Topographia Hiberniae 17
Topographie 20
Tordalk 75, 137*, 140, 142, 146, 148, 149, 151
Torf 54
Torfabbau 34*
Torfmoos 44, 56
Torfstechen 55*
Tralee Bay 143
Tramore Bay 139
Traubeneiche 53
Trauerenten 143, 146, 150
Trockenfliege 102
Trottellumme 75, 140, 141, 146, 148, 149, 151
Tümmler 92
Turlough 23, 41
Turmfalke 79, 111
Twelve Bens 112

Uferschnecke 64
Uferschnepfe 136, 139, 140, 144, 145
Uferschwalbe 76
Uferwühlmaus 83
Ulmen 46, 48
Ulster 17
Umweltschutz 154

Valentia 24
Vartry River 125
Vögel 66
Vogelfelsen 73
Vogelschutzgebiete 132, 134
Vulkanismus 22

Wacholderdrossel 108
Wachtelkönig 148
Wälder 46, 48
Waldohreule 80
Waldschnepfe 111
Waldwühlmaus 83
Wanderfalke 79, 111, 115
Wanderratte 83
Wasseramsel 67, 69*, 108
Wasserralle 108
Waterford 14, 127, 139
Watvögel 72
Weiden 26
Weidenalant 41
Weidenaugentrost 42*
Weidenröschen 41
Weißdorn 46
Weißfisch 93
Westport 111
Wexford 117, 126, 138
Wexford Harbour 136
Wicklow 53, 89,
116, 124, 125, 135
Wiesenpieper 111, 115
Wiesenweihe 80
Wilder Thymian 42*
Wildkaninchen 86
Wollgras 59*
Womanagh River 140

Ziegen 89
Zwergfalke 89
Zwergfledermaus 84
Zwergschwäne 71, 136, 138
Zwergspitzmaus 82
Zwergstechginster 62
Zwergtaucher 108